AUTORIDAD
EN EL CIELO
AUTORIDAD
EN LA TIERRA

©2008 Editorial Peniel

Ninguna parte de esta publicación puede ser reproducida en ninguna forma sin el permiso escrito de Editorial Peniel.

Las citas bíblicas fueron tomadas de la Santa Biblia, Nueva Versión Internacional, a menos que se indique lo contrario.
© Sociedad Bíblica Internacional.

EDITORIAL PENIEL
Boedo 25
Buenos Aires, C1206AAA
Argentina
Tel. 54-11 4981-6178 / 6034
e-mail: info@peniel.com
www.peniel.com

Diseño de cubierta e interior:
ARTE PENIEL • arte@peniel.com

Copyright © 2005 Tom Marshall
Originally published in english under the title:
"Authority in Heaven Authority on Earth"
By Sovereign World Ltd.
PO Box 784, Ellel, Lancaster, LA1 9DA, United Kingdom
www.sovereignworld.com
All rights reserved.

Marshall, Andy
Autoridad en el cielo : autoridad sobre la tierra. - 1a ed. - Buenos Aires : Peniel, 2008.
   250 p. ; 21x14 cm.
   Traducido por: Virginia López
   ISBN 10: 987-557-192-x
   ISBN 13: 978-987-557-192-1
   1. Vida Cristiana. I. López, Virginia, trad. II. Título
   CDD 248

Impreso en Colombia / Printed in Colombia

AUTORIDAD
EN EL CIELO
AUTORIDAD
EN LA TIERRA

TOM MARSHALL

Buenos Aires - Miami - San José - Santiago
www.peniel.com

ÍNDICE

SECCIÓN 1: PODERES Y PRINCIPADOS

	Introducción	9
Capítulo 1:	Un panorama del campo de batalla	11
Capítulo 2:	La ciudad y los poderes estructurales	17
Capítulo 3:	El enemigo en los lugares celestiales	25
Capítulo 4:	Cristo y los poderes	31
Capítulo 5:	La redención restaura la creación	39
Capítulo 6:	Vivir con los poderes y principados	47
Capítulo 7:	Redimir los poderes estructurales	55
Capítulo 8:	Guerra espiritual en el nivel estratégico	65

SECCIÓN 2: ATAR Y DESATAR

	Introducción	77
Capítulo 9:	Comprendamos los términos	79
Capítulo 10:	Qué implica atar y desatar	91
Capítulo 11:	Primero, atemos al hombre fuerte	99
Capítulo 12:	Cómo atar al hombre fuerte	107
Capítulo 13:	La Palabra de Dios y la autoridad del creyente	113
Capítulo 14:	El poder del Espíritu Santo	123

SECCIÓN 3: GUERRA ESPIRITUAL DEFENSIVA

	Introducción	133
Capítulo 15:	Cómo reconocer un ataque espiritual	135
Capítulo 16:	Por qué los cristianos sufren ataques espirituales	137

Capítulo 17:	Orígenes y naturaleza de los ataques demoníacos	143
Capítulo 18:	Principios de la guerra espiritual defensiva	149
Capítulo 19:	Comprendamos la armadura de Dios	159
Capítulo 20:	Examine sus recursos	165
Capítulo 21:	Aprenda a manejar la presión espiritual	169
Capítulo 22:	Conclusión	173

SECCIÓN 1

PODERES Y PRINCIPADOS

INTRODUCCIÓN

Como cristianos, continuamente tenemos conciencia de que vivimos en un mundo caído, que no es favorable al evangelio, sino más bien, con frecuencia, totalmente opuesto a él.

Sabemos que, en las esferas seculares de la sociedad, en los ámbitos de los negocios, el comercio, la política y el entretenimiento, las personas actúan con tal seguridad en sí mismas, tal crueldad, tal ateísmo hedonista que suelen intimidarnos. El domingo, en la iglesia, cantamos los himnos victoriosos de Sion y canciones militantes que hablan de "tomar la tierra", pero si somos sinceros, admitiremos que el lunes por la mañana, en nuestro trabajo, la mayoría de nosotros nos sentimos derrotados.

En Efesios 6:12, Pablo explica el meollo del conflicto de la siguiente forma:

"Porque nuestra lucha no es contra seres humanos, sino contra poderes, contra autoridades, contra potestades que dominan este mundo de tinieblas, contra fuerzas espirituales malignas en las regiones celestiales".

Para ser los vencedores que debemos ser, necesitamos conocer:

☐ las verdaderas características del conflicto que enfrentamos;

☐ el tipo de "tierra" que debemos tomar;

☐ la verdadera identidad de los enemigos que se nos oponen.

Lo más importante: debemos comprender que **el origen de nuestra victoria es la muerte de Jesucristo en la cruz y su resurrección de los muertos**, es decir, lo que La Biblia llama *"la sangre del Cordero"* (Apocalipsis 12:11). Pero para enfrentar los poderes con seguridad, en realidad, debemos saber cómo y por qué la cruz tiene un poder tan extraordinario. Estos son los temas que trataremos en las páginas que siguen.

CAPÍTULO 1

UN PANORAMA DEL CAMPO DE BATALLA

Podríamos decir que hemos llegado a este escenario en la tierra para encontrarnos en medio de una batalla espiritual, en la cual, para peor, no hay civiles exentos de luchar ni territorios neutrales. Por tanto, debemos, antes que nada, tener en claro qué es lo que está sucediendo y por qué; y segundo, cuál es nuestro lugar en este conflicto.

La Biblia revela la existencia de un conflicto cósmico entre Dios y Satanás, en el cual el campo de batalla es la tierra y la raza humana. **Está en juego el esfuerzo de Satanás por separar a Dios del mundo que este creó**, es decir, la intención y el propósito declarado por Dios de tener al hombre:

■ a su imagen y semejanza, ejerciendo su dominio (Génesis 1:27-28);

■ que toda la Tierra sea llena de su gloria (Números 14:21; Habacuc 2:14);

■ reunir todas las cosas en el cielo y en la tierra bajo la soberanía de Cristo (Efesios 1:10).

Para tener la perspectiva correcta sobre la forma que ha tomado esta lucha, debemos volver a los comienzos, es decir, a la Creación y a la Caída.

LA CREACIÓN

Pablo nos dice que toda la creación está centrada en Cristo. Él es su origen, su arquitecto y su final.

> *"porque por medio de él fueron creadas todas las cosas en el cielo y en la tierra, visibles e invisibles, sean tronos, poderes, principados o autoridades: todo ha sido creado por medio de él y para él. Él es anterior a todas las cosas, que por medio de él forman un todo coherente"*
>
> — Colosenses 1:16-17

> *"Porque todas las cosas proceden de él, y existen por él y para él"*
>
> — Romanos 11:36

Cuando preguntamos: "¿Qué queda fuera de 'todas las cosas' de la creación?", la respuesta es: "Nada". Cuando preguntamos: "¿Qué está incluido en 'todas las cosas' de la creación?", podemos distinguir tres importantes categorías:

1. La realidad, estructurada en dos dimensiones o ámbitos.

    b. El ámbito espiritual y, dentro de él, los órdenes angélico y demoníaco.

    c. El ámbito material y, dentro de él, los órdenes de la naturaleza.

2. La humanidad, que habita tanto el ámbito material como el espiritual.

3. Las cosas que ha creado el hombre: culturas, sociedades, organizaciones, instituciones, construcciones, tecnologías, ciencias, artes, etc.

El mandato de la creación

El destino bíblico de la humanidad está expresado en lo que se llama el "mandato de la creación", el mandato del dominio o el mandato cultural.

Es el encargo que Dios dio a la humanidad para que administrara la Tierra creada y descubriera su significado.

«Sean fructíferos y multiplíquense; llenen la tierra y sométanla; dominen a los peces del mar y a las aves del cielo, y a todos los reptiles que se arrastran por el suelo»

— Génesis 1:28

El mandato de la creación incluye dos órdenes que permitían hacer dos cosas:

1. Ser fructíferos y multiplicarse.

2. Dominar la tierra.

La familia

El primer mandato comenzó a cumplirse con el comienzo de la familia humana (Génesis 4:1). La importancia de la familia y la razón por la que está bajo constante presión y ataque de Satanás es que es una institución creada por Dios que tiene que ver con el destino del hombre en lo relativo a la tierra.

La ciudad

El segundo mandato comenzó a cumplirse con la construcción de la primera ciudad.

"Caín se unió a su mujer, la cual concibió y dio a luz a Enoc. Caín había estado construyendo una ciudad, a la que le puso el nombre de su hijo Enoc"

— Génesis 4:17

De aquí en adelante, toda la historia bíblica se centra en las ciudades. Los nombres de algunas son conocidos: Babilonia y Nínive, Tiro y Sidón, Sodoma y Gomorra, Roma y Jerusalén, Damasco, Samaria,

Jericó, Antioquía, Atenas y Cesarea de Filipo. También hay muchas otras, cuyos nombres son poco familiares y extraños, cuya significación ya no comprendemos.

En el próximo capítulo, veremos **la historia interna de la ciudad**, pero debemos comprender su importancia para todo este estudio. Observe los siguientes puntos que veremos con más detalle luego:

■ En toda La Biblia, la ciudad es el símbolo permanente de lo que el hombre crea colectivamente. Por tanto:

☐ *En el macronivel*, representa, políticamente, al estado o la nación, y en términos sociológicos, toda la cultura de una nación o pueblo. Los primeros estados fueron ciudades-estados y los mayores imperios de la Antigüedad. Por ejemplo, los imperios babilónico, asirio y romano estaban fundados en ciudades; cuando la ciudad caía, el imperio caía.

☐ *En el micronivel*, la ciudad también representa todas las estructuras individuales dentro de un estado o sociedad. Por ejemplo, una empresa de negocios, una escuela, un municipio, un club o, incluso, una iglesia local son, en todo el sentido de la palabra, pequeñas "ciudades".

■ El símbolo de la ciudad en el Antiguo Testamento representa las mismas realidades que en el Nuevo Testamento son llamadas "poderes y principados", en todas sus diversas manifestaciones: tronos, poderes, principados y autoridades. Son todos reconocibles en nuestra sociedad moderna y operan exactamente de la misma manera.

☐ Los *tronos* son formas simbólicas de expresar la autoridad investida en cualquier cargo que se continúe en el tiempo, más allá de quien lo ocupe en el momento presente. Por ejemplo, hablamos de "la corte" como representación de la autoridad de un juez o "la oficina oval" como símbolo del presidente de los EE. UU. Ambos son tronos.

- Los *poderes* son las esferas de influencia en que presiden o dominan los tronos. Pueden ser visibles, como el territorio de un estado o los límites de una ciudad, por ejemplo, o invisibles, como cuando hablamos de "el poder de la prensa".

- Los *principados* son aquellos que llevan el cargo, es decir, la investidura de poder en una persona. Por lo tanto, no es la persona en sí, sino la persona que está en ese cargo: por ejemplo, no es Juan Pérez, sino el alcalde Juan Pérez, el que tiene el poder.

- Las *autoridades* son las legitimaciones y sanciones por medio de las cuales se mantiene la autoridad, como leyes, disposiciones, normas, códigos, constituciones, tanto escritas como consuetudinarias.

LA CAÍDA

En la Caída, no solo la humanidad peca, sino el mandato del dominio se vuelve en contra de Dios.

■ *El hombre construye sus ciudades como expresión de su destino de gobernar, pero lo hace en rebelión.* Por tanto, la ciudad de Babel se convierte en expresión de la rebelión colectiva del hombre contra Dios, una rebelión tan ominosa que requirió la intervención divina (Génesis 11:1-9).

■ *El hombre pierde su autoridad espiritual sobre la creación.* En el vacío de poder así creado, Satanás llega y establece sus poderes y principados demoníacos en el ámbito espiritual. Estos poderes también aparecen asociados con las ciudades en el Antiguo Testamento. La palabra hebrea que se traduce como "ciudad" también significa "el ángel que vigila"; por tanto, detrás del poder estructural de la ciudad, encontramos un ángel que vigila: el dios demoníaco de la ciudad. La Biblia menciona a muchos de ellos: Baal, Dagón, Timnat, Moloc, Astarot, Quemos, Adramelec, Diana, Rimón, Nergal y otros.

Rebelión

Por lo tanto, en la Caída, Dios enfrenta la rebelión contra su voluntad en tres niveles:

- ☐ Nivel 1: La rebelión individual del hombre y la mujer caídos.

- ☐ Nivel 2: La rebelión colectiva de la ciudad, las estructuras caídas.

- ☐ Nivel 3: La rebelión satánica de los poderes demoníacos.

El nivel 1 es el **ámbito de carne y hueso**. Los niveles 2 y 3 son el **ámbito del espíritu**, y es esencial que los distingamos, tanto del nivel 1 como entre sí.

Volvamos a Efesios 6:12, donde se expresa claramente:

- ☐ Nivel 1: *"Porque nuestra lucha no es contra seres humanos..."*

- ☐ Nivel 2: *"... sino contra poderes, contra autoridades, contra potestades que dominan este mundo de tinieblas..."*

- ☐ Nivel 3: *"... contra fuerzas espirituales malignas en las regiones celestiales".*

La importancia de comprender esto se verá más claramente a medida que avancemos.

CAPÍTULO 2

LA CIUDAD Y LOS PODERES ESTRUCTURALES

En el Antiguo Testamento, casi tan pronto como aparece, la ciudad se convierte en un factor fundamental en la historia humana. La civilización, la cultura, la enseñanza y la tecnología florecen en ella. Se convierte en el imán que atrae la riqueza, el poder económico, la influencia política y la colonización; pero también se convierte en el foco del poder militar, la conquista, la esclavitud y la opresión, así como en el centro de la idolatría y el ocultismo. Es importante ver por qué y cómo sucede esto, ya que vivimos actualmente en la era de las megaciudades y los superpoderes. La ciudad ha adquirido dimensiones gigantescas.

LA CIUDAD TIENE NOMBRE

Desde su comienzo, con Caín, siempre se da nombre a la ciudad. En La Biblia, los nombres siempre expresan carácter o identidad; por lo tanto, una vez nombrada, la ciudad adquiere también un carácter distintivo. Por tanto, Nínive es la *"maestra de la seducción"* (Nahúm 3:4), Tiro es *"ciudad alegre"* (Isaías 23:7), Babilonia, la *"madre de las prostitutas"* (Apocalipsis 17:5) y Damasco, la *"ciudad famosa"* (Jeremías 49:25).

Lo mismo sucede hoy. Londres tiene un carácter que la distingue de París o Sydney. Berna es diferente de Seúl, Nueva York no es como Chicago, etcétera. Aun una empresa o una iglesia tienen su cultura y su carácter individual, que los recién llegados notan inmediatamente.

LA CIUDAD SE CONVIERTE EN UN PODER

Este es un concepto muy importante que debemos comprender. Una ciudad (o una empresa, o una institución) es creada por, y vive por medio de, las decisiones colectivas de hombres y mujeres, cada uno de los cuales tiene un espíritu humano. Cuando esta entidad colectiva comienza a funcionar como tal, finalmente, se produce un espíritu colectivo que corporiza el carácter o la personalidad de la organización, y le da su individualidad y su carácter distintivo. Este espíritu o personalidad colectiva se convierte en una realidad creada por derecho propio, y es diferente de las personas que componen la población o los miembros de la ciudad, en un momento dado. Por ejemplo, ¿qué es Londres? No es la gente que vive en ella ahora, porque hace cien años, aún no había nacido ninguna de ellas, pero Londres ya existía. Dentro de cien años, ninguno de los habitantes actuales de Londres estará vivo, pero la ciudad continuará vivita y coleando.

Aunque la llama "ficción legal", el sistema legal reconoce algo por el estilo cuando trata a una sociedad comercial como una entidad aparte de los accionistas que son sus dueños. La sociedad puede hacer juicio a sus propios accionistas o ser enjuiciada por ellos, y aunque mueran todos sus accionistas, ella continúa existiendo.

He aquí algunas características de este espíritu colectivo o personalidad colectiva de la ciudad:

■ *Aunque es creada por sus fundadores, la ciudad se independiza cada vez más de ellos.* En lugar de acomodarse a las personas, la ciudad las moldea; desarrolla su propia cultura interna y sus formas de funcionar, a las cuales deben conformarse las personas. Esto se aplica tanto a una empresa comercial como a una universidad, un departamento del gobierno, un club de fútbol o una iglesia. En el caso de una iglesia, es este espíritu colectivo o personalidad colectiva la que, en las cartas a las siete iglesias del libro de Apocalipsis, se llama el "ángel" de la iglesia (Apocalipsis 1:20; 2:1, 8, 12, 18; 3:1, 7, 14).

- *Aunque su carácter es, originalmente, maleable, el espíritu colectivo de la ciudad se vuelve cada vez más fijo en sus formas y resistente al cambio.* Por ello, generalmente, las iglesias más establecidas siempre se resisten al cambio, y una cultura no cambia, sino después de grandes conmociones y traumas.

- *Aunque originalmente es creada para servir a las personas, la ciudad termina usando a las personas para servir a sus propios fines.* Ya sea en la forma de una sociedad comercial, o un club de servicios o una iglesia, la entidad exige lealtad, compromiso y obediencia, y recompensa a quienes la sirven bien.

- *Su instinto predominante es el de supervivencia.* Babilonia, la ciudad, se dice a sí misma: *"¡Por siempre seré la soberana! (...) Nunca enviudaré ni me quedaré sin hijos"* (Isaías 47:7-8). Las personas viven y mueren; la ciudad permanece. Los colaboradores van y vienen; la sociedad comercial continúa perpetuamente. Si sufre amenaza, utilizará cualquier medio para sobrevivir y pagará cualquier precio para mantener su existencia.

LA CIUDAD ESTÁ CAÍDA

Dado que fue creada por hombres caídos, la ciudad también está caída y, con Babel, se convierte en la expresión de la rebelión colectiva del hombre contra Dios (Génesis 11:1-9). Pero observe los siguientes aspectos importantes:

- *La ciudad en sí misma no es demoníaca, sino que está caída;* es decir que hace algunas cosas buenas, pero también algunas malas. Tiene fines legítimos, pero también lucha por lograr fines pecaminosos e ilegítimos.

- *Una señal del estado caído de la ciudad es su tendencia a la idolatría;* es decir, lucha por ser el valor más importante en las vidas de las personas y reclama autoridad absoluta sobre ellas. Quiere que sus intereses estén antes que la familia, que los intereses personales, que la salud, que Dios.

Dios dice:
"... yo soy Dios, y no hay ningún otro, yo soy Dios, y no hay nadie igual a mí" (Isaías 46:9).

Babilonia dice:
"Yo soy, y no hay otra fuera de mí" (Isaías 47:8).

Tiro dice:
"Yo soy un dios (...) sentado en un trono de dioses" (Ezequiel 28:2).

■ **Pero la idolatría, inevitablemente, lleva a la posesión demoníaca.** Cuando habla de la comida ofrecida a los ídolos, Pablo señala que los ídolos no son nada, pero detrás de ellos hay demonios que reciben la adoración (1 Corintios 10:18-20). Por lo tanto, una estructura colectiva puede ser poseída de la misma manera que un individuo.

■ **No obstante, la ciudad, aun en su estado caído, no debe ser rechazada ni abandonada.** Primero, porque es objeto de redención; y segundo, porque restaurada y transformada, Dios la requiere para su servicio en la era por venir.

EL CARÁCTER DE LA CIUDAD

El carácter de la ciudad rebelde y caída es analizado con gran exactitud y sabiduría en La Biblia. Es esencial que lo comprendamos para poder saber a qué nos enfrentamos al vivir en una ciudad, y todas sus manifestaciones, grandes y pequeñas. No tratamos aquí con carne y sangre, es decir, con pecados de personas (Efesios 6:12), sino con la dimensión del mal estructural que utiliza a las personas y fomenta la codicia desenfrenada, la violencia inflamada y explota cruelmente a los débiles e indefensos.

■ Debido a su tendencia idólatra, la ciudad no es meramente secular –y, por tanto, neutral en asuntos religiosos–, sino contraria a Dios.

☐ Blasfema contra Dios (Isaías 37:23-24), lo reta (Jeremías 50:29) y planea mal contra Él (Nahúm 1:11).

☐ Está llena de ídolos, brujería y hechicería (Isaías 47:9; Jeremías 50:38; Nahúm 3:4; Apocalipsis 18:23).

☐ Es contraria a la Iglesia, herencia del Señor (Jeremías 50:11).

■ Su principal objetivo es agrandarse a sí misma, y utilizará cualquier cosa –por ejemplo, el evangelio y el nombre de Cristo– para aumentar su estatus y su posición (Isaías 13:10-11; 47:5; Jeremías 51:41).

Esta pasión por la grandeza de la ciudad se manifiesta en:

☐ La acumulación de riqueza (Ezequiel 28:4-5; Apocalipsis 18:14-15).

☐ El esplendor arquitectónico y las construcciones impresionantes (Ezequiel 27:3-12; Zacarías 9:3).

☐ Una economía consumista, que se especializa en el lujo y el entretenimiento (Isaías 23:7; Ezequiel 26:17; Apocalipsis 18:3, 7).

☐ La autoconfianza y la ilusión de la seguridad (Sofonías 2:15; Isaías 47:8; Abdías 3).

☐ El poder económico –con frecuencia, basado en el comercio deshonesto– y la explotación de hombres y mujeres (Isaías 23:3-9; Amós 1:9; Ezequiel 27:12-23; 28:16-18).

☐ La expansión, la conquista y la colonización, en su versión moderna de conglomerados multinacionales y adquisiciones (Isaías 14:21; Jeremías 50:23; Ezequiel 26:17).

☐ Sabiduría y entendimiento puestos al servicio de propósitos corruptos (Isaías 47:10; Ezequiel 28:17).

■ El estado caído de la ciudad se manifiesta también en las formas del mal que le son características y que incluyen:

☐ Violencia y crueldad (Nahúm 3:1-3; Ezequiel 28:16).

☐ Arrogancia y orgullo (Isaías 10:12; Zacarías 10:11).

☐ Implacabilidad y agresión (Isaías 14:4-6; Ezequiel 30:11; 32:12).

☐ Opresión inmisericorde (Isaías 14:17; 47:6).

☐ Deshonestidad e injusticia (Ezequiel 9:9; Nahúm 3:1).

☐ Maldad y pautas malignas (Jonás 1:1; Nahúm 1:11; Isaías 47:10).

☐ Destruye, devora y crea vacío (Jeremías 51:25, 35).

COMPRENDAMOS LOS PODERES ESTRUCTURALES

Comprender el espíritu colectivo o la personalidad colectiva ayuda a aclarar algunas situaciones que encontramos comúnmente en la ciudad. Por ejemplo:

■ La resistencia al cambio en una organización, que puede volverse rígida, implacable e irracional, aunque esté formada por individuos adaptables, razonables y progresistas. Lo que enfrentamos es el espíritu de la organización que, una vez fijo en sus formas, es terriblemente resistente al cambio.

■ Las amargas luchas por poder que suelen producirse en un nivel impalpable, suprahumano, en la adquisición de una compañía, y porqué ciertos miembros gerenciales del equipo de una empresa que ha sido capturada, son despedidos rápidamente y sin miramientos. Hay una lucha de vida o muerte entre dos ciudades, y para la ciudad, la supervivencia es más importante que la ética, y el fin siempre justifica los medios. Cuando una ciudad gana, la gente de la ciudad conquistada que es despedida no lo es por no ser eficiente, sino porque no es aceptable, o no "encaja" en la personalidad o en el espíritu de la ciudad vencedora.

■ Porqué una división en una iglesia es tan devastadora, tan dolorosa, y deja a las personas heridas y con miedo. El espíritu colectivo, el "ángel" de la iglesia, ha sido herido y amputado.

■ Porqué un grupo compuesto por personas quejosas y causantes de divisiones se aparta de una iglesia y forma otra congregación... amargada y dividida. La "persona" que se ha creado tiene las características difíciles del grupo que la fundó.

■ Porqué la aparente omnipotencia de la ciudad, que se infiltra en todos lados, crea un sentimiento de impotencia entre los cristianos y fomenta el retiro de estos fuera de la ciudad secular a los "refugios cristianos" que son las iglesias. El horizonte del centro de la ciudad está dominado por las figuras de grandes edificios de oficinas. Esos son los "lugares altos". Los brillantes rascacielos son una declaración espiritual: "¡Nosotros tenemos el poder! ¡Tenemos la influencia! ¡Dominamos los recursos! ¡Inclínense ante nosotros!".

CAPÍTULO 3

EL ENEMIGO EN LOS LUGARES CELESTIALES

Bajo el mandato de dominio, a la humanidad se le dio autoridad espiritual sobre el mundo creado, es decir:

- [ ] Debía representar el origen del poder en el mundo, es decir, a Dios.

- [ ] Debía ejercer las prerrogativas de ese poder sobre la creación para que la voluntad de Dios se hiciera en la tierra tal como en el cielo.

- [ ] Eran administradores, es decir, responsables ante Dios por la forma en que cumplían su rol.

Pero, debido a la Caída, la humanidad perdió acceso a la presencia de Dios, y por tanto, su autoridad sobre el mundo se desmoronó, dado que ya no contaba con el respaldo del poder divino. En el vacío espiritual que se creó de esta forma, Satanás vino y usurpó esa posición de autoridad. Ahora, en oposición al Reino de Dios, existe un dominio de las tinieblas (Colosenses 1:13), un sistema de gobierno de "poderes" demoníacos que dominan a los "poderes" estructurales del sistema mundial y los afirman en su rebelión contra Dios.

Si se los deja trabajar sin obstáculos, estos poderes demoníacos pueden:

- Provocar confusión y caos en los esfuerzos por diagnosticar la verdadera naturaleza de los problemas de la sociedad o descubrir soluciones viables para ellos.

- Tratar de neutralizar cualquier posible amenaza a su control por medio de ataques espirituales o de otro tipo a cualquiera que represente un peligro para ese control.

- Frustrar los intentos de reformar los poderes estructurales endureciendo su resistencia al cambio.

Cuando examinamos la naturaleza de este dominio de las tinieblas, encontramos una jerarquía muy cerrada de poderes malignos. He aquí un breve resumen de las evidencias bíblicas.

SATANÁS

El dominio de las tinieblas está bajo la dirección y el control de Satanás, el arcángel caído. Dos son los principales pasajes que explican su estado y su caída: Isaías 14:12-14 y Ezequiel 28:12-17.

■ En su estado previo a su caída, era Lucifer, el lucero de la mañana, hijo de la alborada. Su habitación estaba en los cielos (Isaías 14:12) y en el huerto del Edén (Ezequiel 28:13).

■ Creado sin culpa, era el modelo de perfección, sabiduría y belleza. Era un querubín guardián, es decir, tenía un rol especial relacionado con el trono de Dios (Ezequiel 28:12-15).

■ El orgullo corrompió su sabiduría (Ezequiel 28:17), y aspiró a ocupar el trono del mismísimo Dios, es decir, ser igual a Dios.

Decías en tu corazón:
«Subiré hasta los cielos.

*¡Levantaré mi trono
por encima de las estrellas de Dios!
Gobernaré desde el extremo norte,
en el monte de los dioses.
Subiré a la cresta de las más altas nubes,
seré semejante al Altísimo.»*

—Isaías 14:13-14

■ Antes de caer, Satanás estaba ungido, es decir, tenía el Espíritu Santo. Por tanto, cuando pecó, pecó contra la unción: su pecado fue el pecado imperdonable contra el Espíritu Santo (Marcos 3:29).

■ Debido a su rebelión, cayó en desgracia y fue expulsado (Ezequiel 28:16), echado a la tierra (Isaías 14:12; Lucas 10:18).

■ Ahora, Satanás es Beelzebú ('Baal es príncipe'), el príncipe o gobernador (*archon*) de los demonios (Mateo 12:24). También es llamado el príncipe de este mundo (Juan 12:31; 14:30) y el dios de este mundo (2 Corintios 4:4). Además, es *"el que gobierna las tinieblas, según el espíritu que ahora ejerce su poder en los que viven en la desobediencia"* (Efesios 2:2). Aquí, el significado es que él controla la atmósfera o el clima espiritual del mundo caído.

■ En lo que a la Iglesia respecta, Satanás es el enemigo (1 Pedro 5:8), el acusador o diablo (Apocalipsis 12:10; Efesios 4:27), el engañador y padre de mentira (2 Corintios 11:13-14; Juan 8:44), y el tentador (1 Tesalonicenses 3:5).

■ Su carácter es revelado por sus nombres. Por ello, es "el maligno" (Mateo 13:38; Efesios 6:16; 1 Juan 5:19); Apolión, el destructor (Apocalipsis 9:11); Belial, el espíritu de vileza y vacuidad (2 Corintios 6:15); y homicida (Juan 8:44). Las imágenes animales utilizadas para describirlo son: serpiente (Génesis 3:1ss; 2 Corintios 11:3), dragón (Apocalipsis 12:9; 13:2; 20:2) y león rugiente (1 Pedro 5:8).

■ Finalmente, entre los recursos con que cuenta Satanás, encontramos: un trono o asiento del poder (Apocalipsis 2:13; 16:10), fortalezas (2 Corintios 10:4) y formas secretas de trabajar –cosas profundas– que incluyen el poder de realizar falsos milagros y prodigios (2 Tesalonicenses 2:7-9; Apocalipsis 2:24).

UN EJÉRCITO DE ÁNGELES CAÍDOS

Satanás no es omnipotente ni omnipresente; por tanto, trabaja por medio de un ejército de ángeles caídos –quizá, una tercera parte de los ejércitos celestiales– que lo siguieron en su rebelión (Apocalipsis 12:4; 2 Pedro 2:4). Estos seres también son llamados demonios (Mateo 9:33-34; Lucas 8:27ss) y espíritus malignos o inmundos (Lucas 8:29; Marcos 9:25).

Este ejército de seres espirituales malignos, organizados en una jerarquía de estructuras de poderes demoníacos que dependen del poder de Satanás, tienen asido el poder mundial. Influyen, manipulan y controlan los poderes estructurales, los confirman en su rebelión contra Dios y los usan como instrumentos del mal y la opresión. Esta estructura se organiza de la siguiente forma:

■ *Poderes geopolíticos y geográficos (territoriales)*

☐ *Los gobernantes de este mundo* (*kosmoskrator*, Efesios 6:12) *o gobernadores de este siglo*. Son los poderes del orden más alto, que están directamente por debajo de Satanás, los que estuvieron involucrados en la confrontación más crítica de todas: orquestar la muerte de Jesús (Juan 14:30; Lucas 22:53; 1 Corintios 2:6-8).

☐ *Principados, poderes o potestades* (*archontes*). Son poderes sobre territorios, quizás los dioses de las naciones o los "ángeles" (NVI) o "hijos de Dios" (RVR 1960) que mencionan Job 1:6 y 38:7.

Cuando el Altísimo dio una herencia a cada nación,
Cuando distribuyó a los hombres,

Él fijó las fronteras de los pueblos
Según el número de los hijos de Dios
— Deuteronomio 32:8, El Libro del Pueblo de Dios

Estos poderes angélicos, al principio destacados para guardar las naciones, aparentemente cayeron después de la rebelión de Satanás y están bajo su influencia (Salmo 82:1-2). En Daniel 10:13 y 20, se los llama *"el príncipe de Persia"* y *"el príncipe de Grecia"*.

☐ *Autoridades* (*archon*, Colosenses 1:16; Efesios 1:21; 3:10; 6:12). Son, quizá, el orden más numeroso y el menor, y gobiernan sobre regiones, ciudades o territorios específicos.

■ **Poderes sobre esferas de influencia.** Otra forma de ver estos órdenes es considerarlos desde el punto de vista de áreas de interés funcional, más que geográfico. Podemos distinguir, aparentemente, cuatro categorías bien diferenciadas:

☐ *Dominios* (*kuriotes*, Colosenses 1:16; Efesios 1:21). Son autoridades demoníacas sobre áreas específicas de influencia cultural y social. Por ejemplo, ideologías políticas, educativas o filosóficas; o los medios, el sistema legal, la música, el entretenimiento y las artes, etcétera.

☐ *Poderes* (*dunamis*, Romanos 8:38; 1 Pedro 3:22; Colosenses 1:16). Una multiplicidad de poderes que controlan diversas instituciones, grandes o pequeñas (sociedades comerciales, establecimientos educativos, organizaciones de beneficencia, organismos gubernamentales, sociedades, clubes y asociaciones de toda clase).

☐ *Autoridades* (*exousia*, Colosenses 2:15; Efesios 3:10). Seres con el derecho, delegado de arriba, de ejercer autoridad, es decir, de representar a una fuente de poder y actuar en su lugar.

☐ *Fuerzas espirituales (pneumatikos) malignas en las regiones celestiales* (Efesios 6:12). Están relacionadas, principalmente, con las actividades en el ámbito de lo espiritual, como falsas profecías, falsas religiones y doctrinas heréticas, ocultismo, brujería y artes mágicas, y milagros espurios o señales engañosas (Jeremías 14:14; Ezequiel 13:20-23; Hechos 13:6; 1 Juan 4:1, etc.).

CAPÍTULO 4

CRISTO Y LOS PODERES

A pesar de la caída y de la rebelión de la humanidad, Dios no abandonó su creación. De hecho, la encarnación es el máximo compromiso de Dios con la obra de sus manos. El Hijo de Dios se convirtió en parte del orden creado para redimirlo y regresarlo a su propósito original. La significación que esto tiene para la ciudad, es decir, los poderes y principados estructurales, es que no debemos rechazarlos, abandonarlos ni apartarnos de ellos, porque:

☐ A pesar de la caída y la rebelión de los poderes estructurales, Dios los mantiene en existencia; de lo contrario, la sociedad caería en el caos (Romanos 13:1-6).

☐ Los poderes demoníacos son objeto del juicio divino, pero los poderes estructurales son objeto de redención, es decir, no solo son parte de *"todas las cosas"* de la creación, en Colosenses 1:16-17, sino también de *"todas las cosas"* que serán reconciliadas, según Colosenses 1:20.

☐ Quitada su rebelión, y librados del control demoníaco, los poderes estructurales y sus dones son necesarios para la era por venir (1 Corintios 15:24-28; Efesios 1:10; Apocalipsis 21:24-26).

Ahora, veamos cómo se ha efectuado el desarme y la recuperación de los poderes.

LOS PODERES EN LA PALESTINA DEL SIGLO I

En Gálatas 4:4, Pablo, refiriéndose a la encarnación, dice: *"Pero cuando se cumplió el plazo, Dios envió a su Hijo"*. En otras palabras, Jesús vino al mundo en un tiempo de significación única en la historia humana. Pero cuando examinamos la Palestina del primer siglo a la que vino, nos encontramos con una característica a la que no se le ha prestado demasiada atención: llegó a una nación que estaba dominada por poderes y potestades.

- *Palestina estaba bajo el gobierno de un fuerte poder militar*, el Imperio Romano. Era un país ocupado, había tropas extranjeras dominando por completo la nación.

- *Estaba bajo un poder religioso legalista*, el de la sinagoga y el Sanedrín, tan intolerante que trató de asesinar a Jesús solo porque había sanado a un enfermo el día de reposo.

- *La nación estaba aplastada por el duro, opresivo poder económico y civil de los herodianos*, que recaudaban impuestos y mantenían a la mayor parte de la población en abyecta pobreza para financiar su grandioso estilo de vida y sus construcciones.

- *Más ominoso aún, el país estaba bajo poder demoníaco hasta un extremo realmente poco común*. Cuando leemos el Antiguo Testamento, vemos muy pocas referencias a espíritus malignos y muy pocos ejemplos de personas demonizadas, además de los médiums espiritistas, astrólogos y adivinadores. Pero cuando llegamos a los Evangelios, están por todas partes, y echar fuera demonios fue una parte notable del ministerio público de Jesús. Esta tendencia parece indicar una masiva erupción de demonios en la nación, como si Satanás estuviera esperando un ataque sobre sus dominios y estuviera preparándose para él.

JESÚS Y LOS PODERES

En su humanidad encarnada, Jesús vivió una vida de perfecta libertad de los poderes. Ellos no podían hacer nada contra Él. Ninguno de nosotros es libre como Jesús era libre. Hay dos cosas que pueden manejarnos: la codicia o el temor, la zanahoria o la vara. Los poderes confían en que todo hombre tiene su precio y todo hombre tiene un punto de quiebre.

Pero ¿qué se puede hacer con un hombre como Jesús? Él no tenía ninguna clase de codicia:

> *"Las zorras tienen madrigueras y las aves tienen nidos —le respondió Jesús—, pero el Hijo del hombre no tiene dónde recostar la cabeza"*
>
> — Mateo 8:20

Él habría podido tener todo lo que hubiera querido. Cuando el diablo le ofreció los reinos del mundo a cambio de que lo adorara, estaba diciendo una tontería. Jesús podía haber tomado el mundo en cualquier momento que lo deseara y no por ningún poder divino, sino por la pura fuerza moral de la única voluntad humana perfectamente sana y perfectamente incorruptible. No tenemos idea de la energía moral que Él podría haber generado si hubiera querido. Nadie podría habérsele resistido. Podría haber entrado al Senado romano y exigido al César: "Baja de ese trono. Yo he tomado el mundo". Pero no lo hizo, porque buscaba algo mucho mayor. Él había venido a terminar con el problema del pecado de una vez por todas, y para eso, se necesitaba una cruz.

Además, Jesús no tenía temor. En el barco, cuando los discípulos aterrados perdían la razón ante la tormenta de origen demoníaco, al ser despertado, preguntó: *"¿Por qué tienen tanto miedo?"* (Mateo 8:26). ¿Qué se puede hacer con un hombre que no tiene codicia ni tiene miedo? Nada.

■ Jesús demostró que era libre del poder de la sinagoga al sanar en un día de reposo. Leemos que Él viajaba por toda Galilea predicando en las sinagogas, sanando a los enfermos y echando fuera demonios (Mateo 4:23; Marcos 1:39). Si lo hacía en las sinagogas, siempre era en el día de reposo. ¿Por qué Jesús realizaba milagros de forma deliberada y constante en los días de reposo? (Vea Mateo 9:35; 12:9-13; Marcos 6:1-4; Lucas 13:10-16; 14:1-4; Juan 5:6-10; 9:1-16). Es que Él se negaba a someterse al espíritu de la sinagoga.

■ Algunos fariseos fueron a ver a Jesús y le advirtieron que se escondiera, porque Herodes deseaba matarlo. ¿Qué respondió Él? *"Vayan y díganle a ese zorro: Mira, hoy y mañana seguiré expulsando demonios y sanando a la gente, y al tercer día terminaré lo que debo hacer"* (Lucas 13:32). Él se negaba a someterse al poder económico y civil de la casa de Herodes.

■ Cuando Jesús compareció ante Pilato, el romano le dijo: *"¿No te das cuenta de que tengo poder para ponerte en libertad o para mandar que te crucifiquen?"*. La respuesta de Jesús demuestra quién era el verdadero amo: *"No tendrías ningún poder sobre mí si no se te hubiera dado de arriba"* (Juan 19:10-11). No es de extrañarse que haya sido Pilato el que sintió miedo.

■ Lo más dramático: Jesús enfrenta al hombre fuerte, el mismísimo Satanás (Mateo 4:1-11). Allí, en las condiciones más desfavorables: no en un huerto como el Edén, sino en el desierto; no recién descansado, sino luego de cuarenta días de ayuno, Jesús se enfrenta a toda la sutileza y el poder del arcángel caído, no en una tentación, sino en tres, y sale victorioso. Él enfrentó a Satanás, cara a cara, como el Hombre lleno del Espíritu Santo, y dejó establecida de una vez y para siempre su superioridad moral sobre el diablo. A partir de allí, en su ministerio, Jesús sacaba a los demonios con una palabra; después de atar al hombre fuerte, se dedicó a saquear su casa (Mateo 12:25-29).

Jesús enseñó a sus discípulos las mismas libertades: no temer al poder de la sinagoga y las autoridades gobernantes (Lucas 12:4-11), no temer al poder de las posesiones y la supervivencia económica (Mateo 6:25-35) y no temer al poder de Satanás (Lucas 10:18-20).

LA RENDICIÓN ANTE LOS PODERES

Pero al final de los tres años de ministerio de Jesús, nos encontramos con la sorprendente paradoja: Jesús se rinde ante los poderes. El poder religioso lo arresta sin resistencia, lo interroga, lo juzga ante el Sanedrín por blasfemia y lo entrega al poder militar. Este trata de entregar el "problema" al poder civil y lo envía a Herodes; y luego, cuando le es enviado nuevamente, lo azota con brutalidad y lo crucifica. El poder económico lo deja desnudo en la cruz y se juega sus ropas.

Sin embargo, hubo algo aun más extraño: Jesús se rindió ante el poder satánico. Él dijo: *"... ya ha llegado la hora de ustedes, cuando reinan las tinieblas"* (Lucas 22:53). Cuando el cielo se oscureció mientras Jesús estaba en la cruz, no fue que la naturaleza escondiera su rostro de tal espectáculo; era la hora y el poder de las tinieblas. Hubo una hora en toda la eternidad, un lugar en todo el universo, en que Satanás debe de haber pensado que tenía todo en un puño. Tenía al *Logos*, al eterno Hijo de Dios, como víctima indefensa en sus manos, y lo crucificó.

LA VICTORIA DE LA CRUZ

La cruz fue la derrota de Satanás. Pero él se dio cuenta de lo que sucedería en la cruz cuando fue demasiado tarde, ya que, aun en su muerte, Jesús preservó su libertad; nadie le quitó la vida, sino que Él la entregó voluntariamente (Lucas 23:46).

En 1 Corintios 2, Pablo habla sobre la sabiduría secreta de Dios que se revela en la cruz y luego afirma: *"Ninguno de los gobernantes de este mundo la entendió, porque de haberla entendido no habrían crucificado al Señor de la gloria"* (1 Corintios 2:8).

Los gobernantes de este mundo son los gobernantes demoníacos del mundo, que orquestaron la muerte de Jesús. Lo que Pablo dice es que, si Satanás hubiera tenido idea de lo que iba a suceder por medio de la cruz, hubiera preferido talar todos los árboles de Palestina antes que permitir que se utilizara uno de ellos para crucificar a Jesús.

¿CUÁL ES LA SABIDURÍA DE LA CRUZ?

■ La muerte de Jesús en nuestro lugar canceló el poder destructivo del pecado y el castigo de la ley que estaba en contra de nosotros.

Antes de recibir esa circuncisión, ustedes estaban muertos en sus pecados. Sin embargo, Dios nos dio vida en unión con Cristo, al perdonarnos todos los pecados y anular la deuda que teníamos pendiente por los requisitos de la ley. Él anuló esa deuda que nos era adversa, clavándola en la cruz

— Colosenses 2:13-14

■ Con su muerte y su resurrección, Jesús le quitó a Satanás el arma más poderosa que él tenía en nuestra contra: el poder de la muerte, y así, efectivamente, lo desarmó.

Por tanto, ya que ellos son de carne y hueso, él también compartió esa naturaleza humana para anular, mediante la muerte, al que tiene el dominio de la muerte —es decir, al diablo—, y librar a todos los que por temor a la muerte estaban sometidos a esclavitud durante toda la vida

— Hebreos 2:14-15

La palabra *anular* es, en griego, *katargeo*, literalmente: "reducir a la inactividad", es decir, "abolir, desarmar, dejar indefenso o anular".

■ También desarmó a los principados y potestades.

"Desarmó a los poderes y a las potestades, y por medio de Cristo los humilló en público al exhibirlos en su desfile triunfal"

— Colosenses 2:15

La imagen, aquí, es la del vencedor romano, cuando los enemigos vencidos eran llevados en desfile público detrás del victorioso. En este sentido, los poderes han sido expuestos, desnudados, desarmados y desenmascarados por la muerte y la resurrección de Jesús.

¿QUÉ PODERES FUERON DESARMADOS?

Surge, entonces, la pregunta: ¿qué poderes fueron desarmados: los poderes estructurales, representados por la ciudad, o los poderes demoníacos representados por el ángel que vigila detrás de la ciudad?

La respuesta es: ¡ambos! Jesús ha establecido su autoridad tanto sobre los poderes estructurales como sobre los demoníacos, para poder decir:

> *"Se me ha dado toda autoridad* (eterna y temporal, espiritual y secular) *en el cielo y en la tierra"*
> — Mateo 28:18

La importancia de esto es monumental:

- Significa que hay autoridad en el Nombre de Jesús que nos permite atar a los poderes demoníacos en el ámbito espiritual y echarlos fuera de las estructuras, abriendo así las estructuras al cambio.

- También significa que podemos desafiar la rebelión de los poderes estructurales con las afirmaciones del señorío de Jesucristo. A la larga, tendrán que rendirse. Eso es lo que hace posible un verdadero cambio cultural:

> *"... Jesucristo, quien subió al cielo y tomó su lugar a la derecha de Dios, y a quien están sometidos los ángeles, las autoridades y los poderes"*
> — 1 Pedro 3:21-22

EL ORIGEN DE LA VICTORIA DE LA CRUZ

Aun debemos preguntarnos algo: ¿qué tuvo la muerte de Jesús en la cruz para derrotar tan enteramente a los poderes? No fue su muerte en sí la que logró la victoria ni su rendición ante los poderes. El mal no se vence solo rindiéndose ante su maldad, como si finalmente se lo saciara dándole carta blanca para hacer su voluntad hasta el punto máximo.

La muerte de Jesús tuvo poder porque fue una muerte por obediencia:

"... *se humilló a sí mismo y se hizo obediente hasta la muerte, ¡y muerte de cruz!*"

— Filipenses 2:8

Lo que moviliza a los principados y a las potestades es la energía de la rebelión contra Dios. Jesús enfrentó esa rebelión con la máxima obediencia a la voluntad del Padre. Todos los esfuerzos de los poderes estaban dirigidos hacia un solo objetivo: encender en el corazón humano de Jesús una chispa de resistencia a la voluntad del Padre, una chispa de autoconservación y resistencia al destino que había sido elegido para Él. No hay otra forma de explicar el tratamiento que aplicaron a Jesús: las horas de interrogatorio, la sádica y cruel tortura, las burlas a un hombre destinado a morir, las provocaciones para que bajara de la cruz.

Pero todo eso falló. Jesús lo enfrentó con obediencia, obediencia, obediencia, hasta que, finalmente, los poderes no pudieron ir más allá. Su obediencia máxima agotó la rebelión de los poderes hasta que estos cayeron vencidos, debilitados, neutralizados y sin potencia alguna. En el final, aun la muerte debió ceder, y Jesús resucitó triunfante sobre la muerte y el Hades.

Ahora, Él reina y reinará hasta que todos los poderes estructurales hayan sido despojados de su rebelión y reconozcan su señorío.

CAPÍTULO 5

LA REDENCIÓN RESTAURA LA CREACIÓN

En el capítulo anterior, vimos algo sobre el triunfo de la cruz sobre los poderes y principados, tanto estructurales como demoníacos. Ahora, debemos examinar lo que esto significa para los poderes mismos.

El propósito de Dios para la redención era doble:

1. Restaurar toda la creación, con el hombre como administrador, a su estado original, bajo el dominio de Cristo.

    "... para llevarlo a cabo cuando se cumpliera el tiempo: reunir en él todas las cosas, tanto las del cielo como las de la tierra"
    — Efesios 1:10

2. No solo restaurar la creación a su estado original, sino transformarla como escenario para mostrar la gloria del Padre en la era por venir.

    "... la creación misma ha de ser liberada de la corrupción que la esclaviza, para así alcanzar la gloriosa libertad de los hijos de Dios"
    — Romanos 8:21

    "Porque así como las aguas cubren los mares, así también se llenará la tierra del conocimiento de la gloria del SEÑOR"
    — Habacuc 2:14

Todas las grandes palabras de la salvación tienen este tema común de restaurar algo a su estado o propósito original.

☐ **Redención** significa volver a la libertad a aquellos que han caído en esclavitud.

☐ **Regeneración** es dar vida nuevamente a algo que ha muerto.

☐ **Reconciliación** es volver a poner armonía entre quienes están enfrentados.

☐ **Restauración** es recuperar un estado anterior que se ha perdido. Aun la salvación tiene el sentido de salvar o devolver la seguridad a algo que está en peligro.

¿HASTA DÓNDE LLEGA LA REDENCIÓN?

La respuesta a la pregunta de hasta dónde llega la redención es que la redención recupera todo lo que el pecado ha perdido. La Sangre llega tan lejos como ha llegado el pecado; y el pecado ha arruinado, no solo a la humanidad, sino todo el orden creado:

> *"Sabemos que toda la creación todavía gime a una, como si tuviera dolores de parto"*
>
> — Romanos 8:22

Los problemas intratables de la sociedad no son meramente la pecaminosidad de los hombres caídos. Hay mal estructural, mal en los sistemas. Todas las estructuras de la sociedad, la ciudad, los principados y las potestades están dañados por el pecado también.

Pero, si el pecado ha penetrado en la trama de la sociedad, también ha penetrado en ella la sangre de Cristo: *"... allí donde abundó el pecado, sobreabundó la gracia"* (Romanos 5:20). La Iglesia insiste, y con razón, en que la salvación no es solo un asunto personal; debe afectar radicalmente mi matrimonio y mis relaciones familiares. Pero el matrimonio y la familia son solo una de toda la red de relaciones que componen la vida. ¿Por qué trazar la línea de separación en la familia? ¿Por qué no incluir mi trabajo, mi vida comunitaria y mis convicciones políticas?

De hecho, no hay indicación en La Biblia de que deba excluirse ninguna de estas áreas; más bien, todo lo contrario. La tierra se incluye, y la restauración de la ciudad también está incluida:

> *"... si mi pueblo, que lleva mi nombre, se humilla y ora, y me busca y abandona su mala conducta, yo lo escucharé desde el cielo, perdonaré su pecado y restauraré su tierra"*
>
> — 2 Crónicas 7:14

Isaías 61 es el pasaje que Jesús leyó en la sinagoga de Nazaret.

> *El Espíritu del SEÑOR omnipotente está sobre mí,*
> *por cuanto me ha ungido*
> *para anunciar buenas nuevas a los pobres.*
> *Me ha enviado a sanar los corazones heridos,*
> *a proclamar liberación a los cautivos*
> *y libertad a los prisioneros,*
> *a pregonar el año del favor del SEÑOR*
>
> — Isaías 61:1-2

Jesús se detuvo allí porque ese texto era el que servía a su propósito. Nosotros continuaremos con los siguientes versículos, que describen gran parte de lo que ha sucedido en la renovación carismática:

> *... a consolar a todos los que están de duelo,*
> *y a confortar a los dolientes de Sión.*
> *Me ha enviado a darles una corona*
> *en vez de cenizas,*
> *aceite de alegría*
> *en vez de luto,*

> *traje de fiesta*
> *en vez de espíritu de desaliento.*
> *Serán llamados robles de justicia,*
> *plantío del* Señor, *para mostrar su gloria*
>
> —Isaías 61:2-3

Nosotros nos detenemos aquí, pero la profecía no; dice:

> *Reconstruirán las ruinas antiguas,*
> *y restaurarán los escombros de antaño;*
> *repararán las ciudades en ruinas,*
> *y los escombros de muchas generaciones.*
> *Gente extraña pastoreará*
> *los rebaños de ustedes,*
> *y sus campos y viñedos serán labrados*
> *por un pueblo extranjero.*
> *Pero a ustedes los llamarán «sacerdotes del* Señor*»;*
> *les dirán «ministros de nuestro Dios».*
>
> —Isaías 61:4-6

El mensaje es claro. Cuando recibamos el aceite de alegría y el traje de fiesta, seremos llamados plantío del Señor. Pero cuando reconstruyamos las ciudades en ruinas, entonces, seremos llamados sacerdotes del Señor y ministros de nuestro Dios.

LIBERACIÓN Y BENDICIÓN

La salvación se presenta principalmente de dos formas en La Biblia:

1. **La salvación como liberación.** Cristo *"nos libró del dominio de la oscuridad"* (Colosenses 1:13) y del demonio (Hebreos 2:14). Dios nos librará de todos nuestros problemas (Salmo 34:19) y de todos nuestros enemigos (Salmo 18:16-19).

2. **La salvación como bendición.** Cristo nos da la bendición de la vida eterna (Efesios 2:5), del perdón (Colosenses 1:14), de la santificación (1 Pedro 1:2), de la sanidad (Hechos 10:38), de la adopción (Gálatas 4:5) y de la herencia (Efesios 1:14).

La salvación para la ciudad implica tanto liberación como bendición.

■ *Los principados demoníacos sobre la ciudad deben ser derribados.* Son objeto de juicio, no objeto de redención. Tenemos que aprender, no solo a echar fuera demonios de las personas, sino también de las estructuras, para que los poderes estructurales puedan recuperarse. Este es el ámbito de la guerra espiritual estratégica (nivel 3) de la que hablaremos en el capítulo 8.

■ *Los poderes estructurales deben ser reclamados* porque son objetos de redención, no de destrucción. Esto implica:

☐ Guerra espiritual para apagar su rebelión y sus actividades injustas y para derribar sus reclamos idólatras.

☐ Desafiarlos con el señorío de Cristo y llamarlos a volver al destino que les corresponde por derecho como siervos de Jesucristo. Este es el ámbito del cambio redentor en las organizaciones, del que hablaremos en el capítulo 7.

EL FUTURO FINAL DE LOS PODERES

Nuestra respuesta actual ante la ciudad y los poderes que ella simboliza dependerá, en gran medida, de cuál sea nuestra perspectiva sobre su futuro. Una causa perdida no ofrece incentivos para emplear en ella tiempo o esfuerzo.

Gracias a Dios, los poderes no son una causa perdida. Dado que son parte de "todas las cosas" de la creación (Colosenses 1:16), su destrucción o aniquilación en la consumación de todas las cosas (Efesios 1:10) señalaría, no una victoria para Dios, sino una derrota. Pero dado que son, como ya hemos visto, parte de "todas las cosas" de la reconciliación, y son necesarios para la era por venir, los encontraremos sujetos a la verdadera Cabeza, Jesucristo, que está sentado a la diestra de Dios en los lugares celestiales, *"muy por encima de todo gobierno y autoridad, poder y dominio, y de cualquier otro nombre que se invoque, no sólo en este mundo sino también en el venidero"* (Efesios 1:21).

Actualmente, vivimos en la tensión entre el Reino de Dios que está aquí, y al mismo tiempo, aún no ha llegado; presente en principio, pero no presente en plenitud.

Cuando examinamos la obra redentora de Dios en el individuo y su obra redentora en la ciudad, descubrimos que son paralelas. En cada caso hay dos etapas distintivas, que pueden llamarse:

1. La obra continua de Dios
2. La obra discontinua de Dios.

en el individuo

■ **La obra continua de Dios es la obra de santificación.** En esto, somos cambiados progresivamente por el Espíritu Santo para llegar a ser cada vez más como Jesucristo en nuestro carácter (Romanos 8:29; 2 Corintios 3:18). Esto continuará durante toda nuestra vida.

■ **La obra discontinua de Dios es la obra de la glorificación.** Ocurre cuando morimos, o cuando Jesús retorna, y es un cambio drástico, instantáneo, radical, que ya no es continuación de la obra de santificación. En un momento, en un abrir y cerrar de ojos, seremos cambiados; lo mortal se revestirá de inmortalidad, el cuerpo natural se convertirá en un cuerpo espiritual de poder y gloria, y seremos como Jesús, porque lo veremos como Él es (1 Juan 3:2; 1 Corintios 15:42-44, 52-54; 2 Corintios 5:4; Filipenses 3:21). Podemos leer las palabras, pero lo que ellas intentan expresar es casi inimaginable.

EN LOS PODERES Y PRINCIPADOS

- ***La obra continua de Dios en la ciudad es la restauración.*** La ciudad se rebela y es destruida; la ciudad se arrepiente, como Nínive (Jonás 3:1-10) y es reconstruida, como Jerusalén (Nehemías 2:5-6:15).

- ***La obra discontinua de Dios es la transformación.*** Al final, la ciudad transformada, la Nueva Jerusalén, desciende de Dios, del cielo (Apocalipsis 21:2-27). Es una ciudad de inimaginable belleza y esplendor, y *"Las naciones caminarán a la luz de la ciudad, y los reyes de la tierra le entregarán sus espléndidas riquezas. Sus puertas estarán abiertas todo el día, pues allí no habrá noche. Y llevarán a ella todas las riquezas y el honor de las naciones"* (Apocalipsis 21:24-26).

¿CÓMO DEBEMOS ACTUAR AHORA?

Aquí, solemos encontrarnos con escatologías diversas. Una sostiene que los poderes (la ciudad) están más allá de toda redención, o solo se debe testificar contra ellos, o que su recuperación no nos concierne, porque Cristo va a hacerlo todo en su Segunda Venida. Eso sería como decir que nuestra actual lucha contra el pecado y el fracaso personal es inútil, o que es innecesaria, porque de todos modos seremos perfectos cuando Jesús vuelva. Nadie puede encontrar fundamento para tal postura en La Biblia.

La otra dice que debemos cristianizar a todo el mundo y la totalidad de la estructura social para que Jesús pueda volver y reinar. Eso es como decir que gradualmente nos haremos cada vez más santos y más perfectos, hasta que un día seremos demasiado buenos para esta tierra y Jesús tendrá que llevarnos al cielo. La verdad se encuentra en algún punto entre estos extremos.

Es obvio, teniendo en cuenta La Biblia y la experiencia, que es posible, antes que Jesús regrese, que haya personas redimidas que aún no sean perfectas, pero sí hayan cambiado radicalmente de lo que eran antes.

De la misma manera, es posible, antes que Jesús regrese, tener organizaciones comerciales redimidas, pero no perfectas; sistemas económicos redimidos, pero no perfectos; instituciones educativas redimidas, pero no perfectas; ciudades redimidas, pero no perfectas; naciones redimidas, pero no perfectas.

Ahora nos dedicaremos a las implicaciones prácticas de estas verdades.

CAPÍTULO 6

VIVIR CON LOS PODERES Y PRINCIPADOS

Entonces, ¿cómo debemos vivir como cristianos en medio de los poderes estructurales? Porque debemos vivir entre ellos, en una manifestación u otra. Una forma útil de responder a esta pregunta es volver a los tres niveles que mencionamos en el capítulo 1:

☐ Nivel 1: Nivel individual o personal

☐ Nivel 2: Nivel suprahumano o estructural

☐ Nivel 3: Nivel sobrenatural o demoníaco

EL INDIVIDUO Y LOS PODERES

Este es el nivel más común en que experimentamos la realidad de los poderes y principados. Los encontramos en los negocios, en los estudios, en los hospitales o las oficinas gubernamentales, en clubes y en la iglesia local. Nos involucramos con ellos en cada área de nuestra vida. He aquí ciertos aspectos importantes para tener en cuenta:

■ A pesar de la condición de caídos de los poderes, podemos vivir y trabajar en ellos y, como Daniel o José, servir a sus fines legítimos y elevarnos a puestos de autoridad e influencia en ellos. Al hacerlo, además, debemos servir con toda diligencia, como sirviendo al Señor y no a los hombres (Efesios 6:5-7) y debemos dar a cada uno lo que le corresponde, sean impuestos, pagos, respeto u honra (Romanos 13:7).

■ Pero, mientras vivimos en los poderes y servimos a sus fines, también vivimos bajo el señorío de Cristo, y eso garantiza nuestra libertad moral. Por tanto, no debemos ceder ante el espíritu idólatra de los poderes, sino andar en fe y obediencia como Sadrac, Mesac y Abednego (Daniel 3:1ss), y Daniel mismo (Daniel 6:1ss). Esto significa que:

☐ No debemos tomar nuestras pautas morales ni nuestro sistema de valores de los poderes y principados, ni permitir que ellos desvirtúen nuestros valores cristianos para conformarlos a la mentalidad de este mundo. Lea nuevamente el análisis bíblico del carácter de la ciudad (capítulo 2) y verá por qué nuestra mente debe ser continuamente renovada por el Espíritu Santo y La Palabra de Dios (Romanos 12:2).

☐ Nunca debemos permitir que los poderes se conviertan en la autoridad máxima sobre nuestra vida, como siempre intentan hacer. De hecho, si se rinde al espíritu de una organización, aunque usted rompa todas sus reglas, ella continuará cuidándolo. Si se niega a ceder al espíritu colectivo, aunque cumpla todas sus reglas, tratará de deshacerse de usted o destruirlo. Solo sometiéndonos voluntariamente al señorío de Cristo, tendremos garantizada la libertad contra los poderes. Si nos inclinamos ante Cristo, no deberemos inclinarnos ante el César.

☐ Si somos realistas, debemos reconocer el hecho de que, periódicamente, caemos bajo el ataque espiritual de los poderes y principados demoníacos. Recuerde que el ataque suele venir a través de personas, pero las personas no son el enemigo. Generalmente, se necesita un real discernimiento para identificar el verdadero origen del ataque (Mateo 16:21-23). Además, debemos comprender los principios de la guerra espiritual defensiva para poder mantener nuestro territorio.

GUERRA ESPIRITUAL DEFENSIVA

(Esto se explica con mayor detalle en la Sección 3).

Las situaciones en que es más posible que suframos un ataque espiritual de los poderes y principados demoníacos podrían ser:

- Cuando amenazamos las posesiones o la posición del enemigo. Hasta un solo cristiano que simplemente esté afirmado sobre el señorío de Jesús es una terrible amenaza para la ilusión de omnipotencia de los poderes, tanto estructurales como demoníacos.

- El enemigo busca nuestras debilidades, porque cree que todo hombre tiene su precio y sus puntos débiles.

- El enemigo trata de desarmar nuestras defensas, aislarnos de Dios y de los demás creyentes y, de ser posible, seducirnos o destruirnos.

LOS PRINCIPIOS DE LA GUERRA ESPIRITUAL DEFENSIVA

Estos son los principios primordiales que debemos dominar para vencer en situaciones en que somos atacados por el enemigo.

1. ocupar el lugar alto

El lugar alto es aquel en que tenemos acceso a poder, conocimiento y recursos para la defensa. Observe que David confiaba en el lugar alto de la presencia de Dios (Salmo 18:2-3, 16-19; 27:5; 61:2-3, etc.). Nuestro lugar alto es:

- **Nuestra posición revelada en Cristo.** *"Y en unión con Cristo Jesús, Dios nos resucitó y nos hizo sentar con él en las regiones celestiales"* (Efesios 2:6). Vea también Efesios 1:18-23; Colosenses 3:1-4.

- **La victoria de la cruz y la resurrección de Cristo.** En el Nuevo Testamento, a veces se lo resume con la frase "la sangre del Cordero" (Colosenses 2:15; Hebreos 2:14; Apocalipsis 12:11).

■ **Nuestra posición en el Cuerpo de Cristo y en las relaciones de pacto que pertenecen a él** (Efesios 4:10-16). Satanás siempre tratará de corrernos de nuestro lugar alto a su terreno engañándonos, aprovechándose de nuestra ignorancia o tentándonos a rebelarnos.

2. construir un eficaz sistema de defensa

Esto es de fundamental importancia. Nuestro sistema de defensa debe estar preparado antes de que lo necesitemos. Debemos conocerlo y practicar para utilizarlo adecuadamente. Observe los siguientes aspectos importantes:

■ **Desarrollar una actitud de confianza** (Salmo 27:3; Jeremías 17:7). Deshágase del temor. El temor destruye la moral (Deuteronomio 20:8) y tiende a producir justamente aquello que tememos (Job 3:25). La respuesta al temor es, como en el caso del siervo de Eliseo, ver la realidad de la situación que enfrentamos: *"Los que están con nosotros son más que ellos"* (2 Reyes 6:16). O como Pablo: *"Si Dios está de nuestra parte, ¿quién puede estar en contra nuestra?"* (Romanos 8:31).

■ **Deshacernos de cualquier atadura que pueda restarnos efectividad y hacernos vulnerables.** Puede tratarse de relaciones (2 Corintios 6:14), enredos económicos (1 Timoteo 6:9-10), hábitos o patrones de pensamiento debilitantes que nos roban energía (Mateo 6:25-34; 1 Corintios 9:25-27), actividades no productivas que no hacen más que complicar las cosas y las situaciones, o circunstancias que no son responsabilidad nuestra (Hebreos 12:1).

■ **Comprender la importancia de la armadura de Dios.** La armadura de Dios es una serie de condiciones de vida que Él desea establecer en nuestra vida y que le permiten trabajar a Él y le impiden trabajar a Satanás. Pero debemos "vestirnos" con la armadura, es decir, estas condiciones de vida solo funcionan si las hacemos nuestras; no se nos pueden imponer ni impartir si nosotros no nos apropiamos de ellas deliberadamente. Hay muchas condiciones de vida que son importantes en nuestra vida cristiana, pero aparentemente, las siguientes son vitales para nuestra guerra espiritual:

- *La verdad* (Efesios 6:14; 2 Corintios 6:7). El efecto de la verdad es exponer la mentira y, por tanto, protegernos de las mentiras y los engaños del diablo (Juan 3:19-21).

- *La justicia.* Nuestra relación de pacto con Dios por medio de Cristo, que garantiza nuestra seguridad y nos asegura la victoria (Efesios 6:14; 2 Corintios 6:7; Isaías 59:17).

- *La paz* (Efesios 6:15; Romanos 16:20). No solo paz con Dios, sino la paz de Dios, para que guarde o proteja nuestro corazón y nuestra mente (Filipenses 4:7; Colosenses 3:15).

- *La fe* (Efesios 6:16; 1 Tesalonicenses 5:8). La fe es el eslabón creativo que permite que el hombre comparta el poder de Dios (1 Juan 5:4).

- *La esperanza* (Efesios 6:17; 1 Tesalonicenses 5:8). La esperanza es la confiada expectativa de algo bueno; en otras palabras, la disposición que nos permite recibir.

- *El amor* (1 Tesalonicenses 5:8; 2 Corintios 6:6). El amor no solo nos vincula con la vida de Dios, sino es la vida de Dios y vence al mundo (1 Juan 5:2-5).

- *La palabra de Dios* (Efesios 6:17). Se trata de la palabra *rhema*, la palabra reveladora inspirada por el Espíritu Santo con la que Jesús venció a Satanás, con la que mantiene en existencia todas las cosas (Hebreos 1:3). Es de importancia y eficacia eternas: *"... la palabra del Señor permanece para siempre"* (1 Pedro 1:25).

- *Orar en el Espíritu* (Efesios 6:18; Judas 20). Importante para edificar o fortalecer el espíritu humano.

- **Examine sus recursos.** Evalúe su vida y su experiencia personal para descubrir:

  ☐ Sus puntos fuertes, las cosas que sabe y las cosas que hace bien. Son cosas en las que debe afirmarse.

  ☐ Sus puntos débiles y vulnerables. Son cosas para las que deberá desarrollar estrategias de protección.

  ☐ Sus relaciones, las personas en las que puede confiar para que lo apoyen en momentos difíciles y con quienes puede trabajar eficazmente.

- **Aprenda a manejar la presión espiritual.** Cuando estamos bajo presión o ataque, tendemos a recurrir a nuestras respuestas más profundas; aquellas cosas que verdaderamente conocemos, en las que podemos confiar en cualquier circunstancia. Pero el ataque o la presión espiritual no suele dar aviso previo, así que necesitamos conocer:

  ☐ La naturaleza de la verdad que constituye nuestro terreno seguro.

  ☐ Cómo caer instintiva y automáticamente en ese lugar seguro, de manera que sea una maniobra bien practicada y conocida.

3. Aprender de las experiencias

Queremos hacer algo más que sobrevivir a los ataques o defender nuestro territorio con éxito. Aprenderemos lecciones muy útiles de los demás, si prestamos atención:

- Podemos descubrir las debilidades que nos hacen pecar y experimentar gracia para vencerlas la próxima vez.

- Podemos averiguar qué piensa Satanás sobre cuáles son nuestras debilidades y desarrollar estrategias de protección para contrarrestar sus ataques.

- Podemos experimentar la intervención de Dios en nuestro favor y edificar nuestra fe y confianza para el futuro (2 Corintios 1:10).

- Podemos aprender las habilidades espirituales de la interdependencia dentro del Cuerpo de Cristo, donde enfrentamos juntos al enemigo (Efesios 6:19).

CAPÍTULO 7

REDIMIR LOS PODERES ESTRUCTURALES

Es importante vivir y trabajar en los poderes, pero manteniéndonos libres de la presión que ejercen sobre nosotros para que nos conformemos a ellos; sin embargo, más importante aún es recuperarlos al rol que les corresponde como siervos de Jesucristo el Señor. Eso es reconstruir las ciudades en ruinas.

Recordemos siempre que el problema que enfrentamos tiene dos dimensiones:

1. La guerra espiritual contra los poderes demoníacos detrás de las estructuras. Los poderes estructurales se resisten al cambio en cualquier caso, pero los poderes demoníacos, a menos que se los elimine, reforzarán esa resistencia y agotarán a quienes intenten alterar el statu quo.

2. La influencia y el cambio para la redención de las organizaciones en los poderes estructurales. Ambos deben ir de la mano; porque, si no trabajamos activamente para el cambio de las organizaciones, toda nuestra guerra espiritual será improductiva o, aun peor, contraproducente, como Jesús advierte en Mateo 12:43-45. Lo que suele pasarse por alto en este pasaje es que Jesús aplicó la analogía de la persona a la que vuelven los demonios para describir el estado de toda una sociedad.

IDENTIFIQUEMOS EL CARÁCTER DE LOS PODERES

Nuestra primera tarea es identificar la cultura colectiva o el espíritu interno de la ciudad, para poder comprender el carácter del poder que tratamos de influenciar. Esto implica observación y averiguación, específicamente, en las siguientes áreas.

1. El entorno físico

El estado de edificios, instalaciones y ambiente físico dice mucho sobre el carácter del poder, así como el estado de una casa dice mucho sobre sus ocupantes. Por ejemplo, ¿son sucios, descuidados y ruinosos, o brillantes, limpios y modernos? ¿Una jungla fría, estéril, de cemento? ¿Un rejunte de segunda mano o una decoración conservadora y de buen gusto?

2. Lo que la ciudad dice de sí misma

Esta es la autoimagen de la ciudad. Se puede descubrir a partir de:

☐ Informes, gacetillas de prensa, avisos y declaraciones de autoridades públicas, etcétera.

☐ Sus orígenes y su historia registrada.

☐ Más importante aún: su historia "no oficial" y sus mitos populares, anécdotas y leyendas.

3. Cómo recibe a los extraños

☐ Cómo se distingue el grupo que está *"in"* del que está *"out"*.

☐ Cómo hablan o tratan "los de adentro" a "los de afuera". ¿Les dan la bienvenida o los ignoran? ¿Los aprecian o les molesta su presencia? ¿Los tratan como visitantes o como intrusos? ¿Los valoran o los desprecian?

4. Valores compartidos

Los valores compartidos son conceptos y creencias básicos que la organización, en general, acepta y apoya. Quizá no sean los que se publican oficialmente, pero pueden deducirse de:

- ☐ Las actividades en las que la gente invierte la mayor parte de su tiempo y su energía.

- ☐ Aquello que se consideran claves para el éxito o para lograr aceptación.

- ☐ Lo que recibe mayor atención pública: publicidad en los medios, presupuesto para publicidad, etcétera.

- ☐ De lo que más habla la gente y que crea las mayores controversias: sondeos de opinión, *reality shows*, cartas a la prensa, etcétera.

- ☐ Los eventos que reúnen a mayor cantidad de gente.

5. Los héroes

Los héroes son individuos que personifican los valores compartidos de la cultura. Son, entre otros:

- ☐ Los que el público considera como modelos de un éxito posible.

- ☐ Los que constituyen ejemplos a seguir, emular o aspirar.

- ☐ Quienes marcan la tendencia de la moda en forma de vestir, comportamiento o estilo de vida.

- ☐ Figuras históricas y las historias, mitos y leyendas que se acumulan a su alrededor.

6. Los rituales

Los rituales son acontecimientos expresivos que nos ayudan a subrayar y comunicar los valores compartidos de una cultura. Por ejemplo:

- ☐ Los rituales sociales que nos muestran cómo entrar en la cultura o qué pautas sociales son aceptables en ella.

- ☐ Los rituales de reconocimiento, es decir, cómo se reconoce o se premia el éxito o los logros.

- ☐ Las variedades, como celebraciones, conmemoraciones y festivales.

EL AGENTE DEL CAMBIO EN LA ORGANIZACIÓN: NEHEMÍAS

En el libro de Nehemías, encontramos un modelo bíblico detallado del cambio en una organización. Tiene particular importancia para nuestro actual estudio porque trata sobre la reconstrucción de una ciudad. El templo había sido reconstruido por Esdras setenta años antes, pero la ciudad aún estaba en ruinas.

Los últimos treinta años de la renovación carismática han sido testigos de una sustancial reconstrucción de la Iglesia, pero nuestra sociedad –la ciudad– está en ruinas. He aquí un resumen del método de Nehemías, que tiene amplia aplicación a las "ciudades" en que vivimos y trabajamos actualmente.

1. Ame la ciudad

Cuando Nehemías se enteró del estado en que estaba Jerusalén, dice que se sentó a llorar e hizo duelo por algunos días (Nehemías 1:4). John Greenleaf dice que el problema de nuestra sociedad es que nadie ama las instituciones. Tememos los poderes estructurales; ellos nos desagradan, nos apabullan y nos repelen; nos sometemos a ellos, y algunas veces nos dejamos comprar y seducir por ellos, pero no los amamos. Se trata nada menos que de amor en acción, y para poder cambiar la ciudad, debemos amarla como los judíos amaban Jerusalén.

Ah, Jerusalén, Jerusalén,
si llegara yo a olvidarte,
¡que la mano derecha se me seque!
Si de ti no me acordara,
ni te pusiera por encima de mi propia alegría,
¡que la lengua se me pegue al paladar!

— Salmo 137:5-6

2. ore por la ciudad

"... *me senté a llorar; hice duelo por algunas días, ayuné y oré al Dios del cielo*" (vea Nehemías 1:4-11). La oración de Nehemías contiene dos datos muy valiosos para los que quieren ser agentes de cambio en una organización:

- Él se identificó con el pecado de la ciudad. "*Confieso que los israelitas, entre los cuales estamos incluidos mi familia y yo, hemos pecado contra ti*" (Nehemías 1:6). La ciudad es una entidad colectiva, y dado que somos parte de su existencia colectiva, compartimos la responsabilidad por sus malos actos.

- Estuvo dispuesto a ser parte de la respuesta a su propia oración (Nehemías 1:11). La intercesión genuina, muchas veces, lleva a la intervención, pero también requiere que el intercesor esté dispuesto a ser quien realice esa intervención.

3. planifique para la ciudad

Entre los acontecimientos registrados en Nehemías 1 y los de Nehemías 2, cuando él se presentó delante del rey y la reina, pasaron aproximadamente cuatro meses. Lo que pidió en esa ocasión no fue resultado de una inspiración instantánea, sino fruto de semanas de oración y profunda deliberación. Lo que resultó de esa preparación fue:

- **Una gran visión.** Nehemías decidió que él iba a hacer lo que 50.000 judíos bajo Zorobabel no habían logrado completar en setenta años. Dijo: "Yo puedo reconstruir la ciudad" (vea Nehemías 2:5). Cuando se trata de cambiar un poder o reconstruir una ciudad, grande o pequeña, nada lograremos si no tenemos una visión suficientemente grande como para animarnos a cambios drásticos y no meramente cosméticos.

- **Una meta a largo plazo.** El rey preguntó a Nehemías cuánto tiempo estaría fuera, y Nehemías le propuso un plazo (vea Nehemías 2:6). Compare Nehemías 2:1 con Nehemías 13:6 y descubrirá que ese plazo fueron ¡doce años! El cambio en las instituciones lleva tiempo, y cuanto más drástico sea, más tiempo llevará. Por tanto, para tener éxito, debemos estar comprometidos a largo plazo.

4. viva en la ciudad

Con un verdadero instinto por lo que todo esto implicaba, Nehemías decidió ir a vivir en la ciudad (Nehemías 2:11). Nunca cambiaremos una institución a menos que estemos dentro de ella, porque el cambio solo puede provenir de adentro. Entrar requerirá una disposición humilde, respetuosa y exenta de juicios para aprender las formas de la ciudad y compartir su vida.

5. conozca la ciudad

Menos de una semana le llevó a Nehemías conocer perfectamente el estado y los problemas de la ciudad:

- ☐ él vio sus problemas con la objetividad y los ojos nuevos de un recién llegado no condicionado por la cultura para aceptar sus formas;

- ☐ examinó la situación personalmente y de primera mano, para poder tomar una decisión sin las excusas de los habitantes. Y lo más importante,

☐ vio los problemas desde la perspectiva de alguien que creía que podían ser solucionados y que pensaba hacer algo al respecto.

6. Inicie un movimiento

Un cambio radical en una cultura o en la vida de una organización siempre es resultado de un "movimiento" que tiene el objetivo específico de producir los cambios deseados. No es necesario contar con una mayoría antes de lanzar un movimiento. Puede iniciarlo una minoría comprometida, y una vez que se lo lanza, cobrará impulso por sí mismo. Lo que Nehemías hizo fue iniciar un movimiento. Esta es su estrategia, que puede ser aplicada en organizaciones grandes o pequeñas:

■ Busque a las personas de influencia (Nehemías 2:16), aquellas personas clave, cuyo punto de vista importa y que marcan las tendencias que otros siguen.

■ Haga que enfrenten el problema (Nehemías 2:17), pero observe que Nehemías tomó como suyo el problema de ellos. Les dijo: *"Ustedes son testigos de nuestra desgracia"*. No dijo: "Miren el problema en que están". La identificación del agente de cambio con el problema es fundamental.

■ Deles una visión (Nehemías 2:17). *"¡Reconstruyamos la muralla de Jerusalén para que ya nadie se burle de nosotros!"*. Observe que Nehemías no solo hablaba de la visión; ya había tomado ciertas decisiones vitales que harían posible concretarla (Nehemías 2:17-18).

■ Logre que adopten como propia la visión. *"Al oír esto, exclamaron: ¡Manos a la obra!"* (Nehemías 2:18). Este es el punto crítico en cualquier movimiento por el cambio; quienes van a impulsarlo deben adoptarlo como propio, de manera que ya no sea la visión del agente de cambio, sino la visión del movimiento.

7. Fomente el crecimiento del movimiento para el cambio

Estas son las características que deben buscarse para luego fomentarlas o alentarlas:

- El compromiso personal de quienes creen que pueden cambiar su entorno inmediato.

- Convoque a amigos y colegas para que participen en pequeños esfuerzos, "oportunidades de victoria" para el cambio. Los movimientos que tienen éxito acumulan toda una serie de éxitos en cambios pequeños, pero observables, en diferentes cosas, hasta que acumulan suficiente apoyo (vea Nehemías 3).

- Sepa que habrá oposición de las estructuras establecidas y esté listo para enfrentarla. Cuando un movimiento está en marcha, la oposición y los ataques solo fortalecen su determinación (Nehemías 2:20; 4:1ss).

- La disposición para buscar un cambio radical, fundamental, más que un cambio periférico, y la capacidad de discernir la diferencia. Nehemías enfrentó la amenaza de una oposición violenta, pero también la más sutil distracción de un arreglo negociado (Nehemías 6:1-9).

8. Reitere, refuerce y reformule las metas según sea necesario durante el camino

Aun cuando el cambio ya haya comenzado a producirse, el trabajo no está terminado:

- La visión debe repetirse y expresarse de maneras adecuadas en cada etapa del desarrollo del movimiento.

- Las personas deben ser alentadas, motivadas, corregidas y algunas veces, disciplinadas constantemente a lo largo del camino (Nehemías 4:14; 5:1-13).

- Hay que enfrentar las dificultades, resolver los problemas y representar al movimiento ante el mundo exterior (Nehemías 4:16-20).

9. Finalmente...

Junto con –y aun después de– un cambio radical, debe darse el proceso continuo de reeducar y reordenar la vida interior de la ciudad.

Los primeros seis capítulos de Nehemías tratan sobre la reconstrucción de los muros de la ciudad. Los siguientes seis capítulos tratan la tarea, más difícil aún, de reformar su carácter. El último capítulo es una oportuna advertencia de que el trabajo nunca se terminará en esta era, y la posibilidad de caer en las viejas formas siempre está presente.

CAPÍTULO 8

GUERRA ESPIRITUAL EN EL NIVEL ESTRATÉGICO

ENFRENTEMOS AL HOMBRE FUERTE

LLegamos ahora al que es, probablemente, el nivel más serio del conflicto: la guerra espiritual en el nivel estratégico, contra los principados y poderes demoníacos que dominan y manipulan los poderes estructurales. Su influencia puede verse en todos los niveles; también, obviamente, en los salones de reuniones y cámaras de consejos, con la confusión en los asuntos éticos, la alevosa amoralidad de algunas decisiones y la sensación general de que hay algo muy sabio operando detrás de escena y manipulando sus marionetas.

Enfrentar estos poderes es una cuestión de importancia primordial; de lo contrario, nuestros esfuerzos para recuperar los poderes estructurales para el reino estarán destinados al fracaso. Jesús hizo énfasis en esto cuando dijo:

> *"¿O cómo puede entrar alguien en la casa de un hombre fuerte y arrebatarle sus bienes, a menos que primero lo ate? Sólo entonces podrá robar su casa"*
> — Mateo 12:29

Aunque el hombre fuerte es Satanás, generalmente, en cualquier territorio específico o área funcional en la que opera una organización, hay un "hombre fuerte" que representa el origen del poder y la influencia dominante en esa área en particular. Tratar de cambiar la actitud y la cultura de una ciudad, o de una simple organización, sin antes enfrentar los poderes demoníacos es como tratar de robar la casa de un hombre fuerte, mientras él está aún adentro y puede moverse con libertad en ella.

"Cuando un hombre fuerte y bien armado cuida su hacienda, sus bienes están seguros. Pero si lo ataca otro más fuerte que él y lo vence, le quita las armas en que confiaba y reparte el botín"

— Lucas 11:21-22

Este es el ámbito de la guerra espiritual ofensiva. No es cuestión de incursiones precipitadas, impetuosas y mal preparadas por parte de entusiastas –pero inexpertos– reclutas, sino que debe ser tratada con la seriedad con que la trata La Biblia.

LA GUERRA ESPIRITUAL OFENSIVA

Debemos hacer énfasis, nuevamente, en el hecho de que no se trata de una guerra imaginaria o metafórica; es una guerra espiritual real con enemigos reales, balas espirituales reales y, lamentablemente, también bajas reales. Al mismo tiempo, nuestro objetivo, siempre, es la victoria total, y la confusión y derrota total del enemigo (Éxodo 17:13-14). La derrota es vergüenza y deshonra (2 Reyes 19:3); no hay puntos para el "buen perdedor" o el que dio "un buen espectáculo".

También es importante comprender que la guerra espiritual es necesaria para nuestro pleno desarrollo. Por tanto, no debería sorprendernos descubrir que, para Israel, la paz (*shalom*) no significaba ausencia de guerra, sino

☐ completa armonía y unidad entre amigos, y

☐ completa victoria en la guerra contra los enemigos.

Por eso, Pablo podía escribir a los romanos: *"Muy pronto el Dios de paz aplastará a Satanás bajo los pies de ustedes"* (Romanos 16:20).

PRINCIPIOS DE LA GUERRA ESPIRITUAL OFENSIVA

La dinámica de la guerra en el ámbito espiritual es exactamente la misma que la de la guerra en el ámbito material; por tanto, La Biblia es nuestro manual de batalla, y podemos dejar de disculparnos por las guerras de Israel que están registradas en ella. En términos de guerra espiritual, ellas tienen una significación dramática para nuestro tiempo. He aquí ciertos aspectos importantes que debemos tener en cuenta.

Debemos prepararnos para la batalla

■ Toda guerra, entre ellas, la guerra espiritual, es un emprendimiento colectivo, en el cual el ejército representa la fortaleza del pueblo, en forma condensada e intensificada. Por lo tanto, para lograr el éxito, no son necesarios grandes números, pero sí la unidad (Jueces 7:1-7).

■ Para vencer en la batalla espiritual contra las fuerzas del maligno, nuestra preparación personal es vital, tanto en lo que respecta al compromiso como a la santidad. Debemos reconocer que el enemigo nos conoce y conoce muy bien nuestras debilidades.

En Israel, el estado del guerrero era conocido como *kodesh*, "estado de santidad"; es decir, los soldados estaban apartados para su tarea. En la vida del soldado, la guerra tiene prioridad sobre todo asunto civil (2 Timoteo 2:4).

☐ Para que el ejército tuviera el poder concentrado que se necesitaba para la batalla, cada hombre que lo integraba debía poseer una absoluta pureza, ya que la impureza destruye la integridad y la fortaleza del alma. La pureza es destruida por factores como:

- *La impureza física, sexual o religiosa* (Deuteronomio 23:10-15; Números 5:1-4; 1 Samuel 21:5).
- *El temor.* Los que temían eran enviados de vuelta a su casa, ya que el temor destruye la moral (Deuteronomio 20:8; Jueces 7:3).
- *Los proyectos inconclusos,* ya que ellos podían afectar la separación o la dedicación exclusiva del hombre (Deuteronomio 20:5-7).

■ La guerra espiritual es un conflicto de poder espiritual; por lo tanto, nuestra relación con Dios es de vital importancia. La victoria se obtiene en oración y adoración. También para Israel, el poder espiritual era el único factor que decidía el resultado de la batalla. *"No se salva el rey por sus muchos soldados"* (Salmo 33:16). Por lo tanto, para que el ejército tenga poder, su relación con Dios debe ser la correcta. Así, la guerra es precedida por:

☐ El son de las trompetas de plata: *"Entonces el Señor se acordará de ustedes y los salvará de sus enemigos"* (Números 10:9). La plata es símbolo de redención, porque el fundamento de nuestra victoria es la cruz.

☐ El sacrificio de las ofrendas quemadas, símbolo de adoración y acción de gracias. En un sentido, el propósito de la guerra espiritual es la restauración de la adoración, para revertir la rebelión de Satanás, y reafirmar el lugar que corresponde a Dios como Creador y al hombre como criatura que lo adora. Pero la victoria, para Israel, también comienza en el santuario, porque allí es donde se recibe la fuerza.

Que el SEÑOR te responda cuando estés angustiado;
que el nombre del Dios de Jacob te proteja.
Que te envíe ayuda desde el santuario;
que desde Sión te dé su apoyo.
Que se acuerde de todas tus ofrendas;
que acepte tus holocaustos.
Que te conceda lo que tu corazón desea;
que haga que se cumplan todos tus planes.

*Nosotros celebraremos tu victoria,
y en el nombre de nuestro Dios
desplegaremos las banderas.
¡Que el S*EÑOR *cumpla todas tus peticiones!*

— Salmo 20:1-5

LA NATURALEZA DE LA GUERRA

Los siguientes principios son fundamentales para que podamos comprender los asuntos más importantes relativos a la guerra espiritual y cuáles son los medios para lograr la victoria.

■ Para Israel, el resultado de la guerra depende totalmente del rey. La guerra es su guerra y, debido a que es un poder espiritual el que decide este asunto, la victoria depende de que el rey logre la victoria en su propia alma. Su alma debe estar llena de victoria antes de comenzar la batalla, porque el resultado concreto de esta es solo la manifestación de la victoria o la derrota real ya existente (Salmo 18:32-34; 1 Reyes 20:13ss; 22:1ss).

Nuestra victoria final en la guerra espiritual contra Satanás y sus huestes está absolutamente asegurada porque Jesucristo, nuestro Rey, tiene victoria total en su alma:

"... es necesario que Cristo reine hasta poner a todos sus enemigos debajo de sus pies"

— 1 Corintios 15:25

La victoria real ya existe, y el resultado de cualquier batalla es solo la manifestación externa de lo que ya está en el alma de Cristo.

■ El aspecto espiritual decisivo en la guerra es que el rey tenga lo que se llama "fuerte consejo", es decir, pensamientos irresistibles que se llevan a la práctica inmediatamente.

☐ Por consejo, no entendemos aquí sugerencias o recomendaciones, sino la plena expresión de las ideas y la voluntad del rey, sus planes, estrategias, propósitos, determinación y seguridad.

☐ Dios es *"grande en consejo, y magnífico en hechos"* (Jeremías 32:19, RVR 1960), por lo que su palabra tiene en sí misma el poder para lograr lo que declara. Por lo tanto:

- El consejo de Dios, es decir, sus planes y propósitos, siempre triunfa.

El Señor Todopoderoso ha jurado:
«Tal como lo he planeado, se cumplirá;
tal como lo he decidido, se realizará

— Isaías 14:24

- Dios rompe y destruye todo consejo o plan dirigido contra sí mismo y contra su pueblo:

¡Prepárense para la batalla,
y serán despedazadas!
¡Prepárense para la batalla,
y serán desmenuzadas!
Tracen su estrategia,
pero será desbaratada;
propongan su plan,
pero no se realizará,
porque Dios está con nosotros

— Isaías 8:9-10

- El consejo de Dios confunde y disuelve el consejo del enemigo, de manera que no puede realizarse. Por tanto, la moral del enemigo se destruye, y su voluntad se debilita y paraliza (Jeremías 50:35-38; Isaías 19:1-4).

- El consejo del rey penetra el corazón de su pueblo y doblega la voluntad de ellos a la suya para que se conviertan en una sola alma. La victoria que está en el alma del rey se convierte en la victoria de sus almas (Apocalipsis 12:11; Juan 16:33). La victoria que está en Cristo debe penetrar nuestro corazón y nuestra mente para que también se vuelva nuestra victoria (1 Juan 4:4; 5:4).

> *Yo veía a Satanás caer del cielo como un rayo —respondió él—. Sí, les he dado autoridad a ustedes para pisotear serpientes y escorpiones y vencer todo el poder del enemigo; nada les podrá hacer daño*
> — Lucas 10:18-19

- Observe la importancia del ministerio profético. En Israel, los profetas cumplían el rol muy importante de crear la victoria en el alma del rey, porque podían "ver" si estaba allí. ¡La victoria o la derrota que vieran allí quedaba decretada como realidad! (1 Reyes 22:1-40).

El asunto fundamental en nuestra guerra es si tenemos en nuestra alma la victoria que está en el alma de Cristo. Esto es cuestión de revelación. La función del ministerio profético es darnos el fuerte consejo basado en la revelación, que concretará la victoria en nosotros también.

LA CONDUCTA EN LA BATALLA

- Recuerde que Dios dirige la campaña y determina la estrategia. Esa estrategia varía según el lugar y el tiempo (Josué 5:13-15; 6:5; 8:1; Números 21:34; 31:1ss; 1 Samuel 7:10; 23:2; 30:7).

- Recuerde que usted no tiene que ocuparse de todo el frente; solo debe apuntar a un objetivo limitado, local.

☐ Si usted no toma ese objetivo, nadie lo hará por usted.

☐ Tiene que hacerlo, crea o no que puede hacerlo, tenga miedo o no.

■ Aprenda a utilizar la palabra profética de La Biblia a medida que el Espíritu Santo vaya inspirándola en usted de las siguientes formas:

☐ convirtiendo en hecho la palabra de juicio de Dios contra los poderes demoníacos, o

☐ blandiendo los mandatos de Dios con su voluntad contra la voluntad de los poderes, o

☐ declarando a los poderes la grandeza y la majestad, el poder y la santidad, la victoria y el regreso de Jesucristo para debilitarlos y aterrarlos.

■ Aprenda a discernir los aspectos vitales de los tiempos en la guerra:

☐ Observar para ver la mano de Dios, "ver" lo que el Padre está haciendo (Juan 5:19).

☐ Discernir la debilidad o la distracción momentánea del enemigo y capitalizarlas; aprovechar el impulso de la batalla (2 Reyes 13:14-20).

☐ Esperar la palabra de Dios que nos da la orden de actuar "¡Ya!" (1 Samuel 23:2-4).

■ Comprenda la ley de la ocupación. Si usted toma un territorio, debe tener los recursos necesarios para mantenerlo y ocuparlo, *"para que los animales salvajes no se multipliquen"* (Deuteronomio 7:22).

ABÍAS Y JEROBOÁN

Una ilustración de muchos de los principios de la guerra que hemos comentado se encuentra en el relato de la batalla entre Abías, rey de Judá, y Jeroboán, rey de Israel en 2 Crónicas 13:1-20.

■ Abías estaba a la defensiva, porque Jeroboán tenía el doble de hombres que él (v. 3) y era superior tácticamente; había emboscado su ejército por delante y por atrás (v. 13).

■ La victoria dependía de las personas de los dos reyes. Abías ocupó la tierra alta (v. 4) y trató de plantar la victoria en su propia alma y plantar la derrota en el alma de Jeroboán (vv. 4-12).

■ Lo hizo ocupando la tierra alta espiritual, repasando los derechos de Judá como Reino de Dios y de la dinastía davídica (v. 8), la fidelidad de la nación al sacerdocio verdadero y la verdadera adoración de Dios (vv. 10-11). Lo comparó con el reino de Jeroboán, nacido de rebelión y criado en idolatría.

■ Cuando Judá se encontró atacada por delante y por detrás, clamó al Señor, los sacerdotes hicieron sonar sus trompetas, los guerreros gritaron la declaración de fe que era su grito de batalla: "El Señor ha entregado a nuestros enemigos en nuestras manos", e Israel huyó delante de Judá (vv. 14-16).

■ Finalmente, Abías persiguió a Jeroboán para su completa y humillante derrota, de manera que este nunca recuperó su poder durante el reinado de Abías.

SECCIÓN 2

ATAR Y DESATAR

INTRODUCCIÓN

CÓMO CONVERTIR LA VERDAD EN REALIDAD

Para convertir la verdad espiritual que escuchamos o leemos en una experiencia de vida concreta, debemos hallar respuestas para las siguientes preguntas, muy importantes:

1. ¿Qué significa realmente?
2. ¿Cómo se hace?

Si nuestro entendimiento de lo que significa realmente la verdad es confuso o defectuoso, siempre tendremos problemas para obedecerla o tratar de hacer uso de ella. Si no tenemos en claro lo que implica realmente obedecer la verdad o apropiarnos de ella, aun nuestros mejores esfuerzos por convertir la creencia en acción muy posiblemente estarán destinados al fracaso.

La falta de respuestas claras a estas dos preguntas es una de las principales razones del enorme abismo que suele existir entre la verdad que confesamos con nuestros labios y la verdad que experimentamos en la realidad cotidiana de nuestra vida.

En las páginas que siguen, intentaremos abordar estas dos importantes preguntas en relación con el tema de atar y desatar.

CAPÍTULO 9

COMPRENDAMOS LOS TÉRMINOS

ATAR

El significado más simple y directo de la palabra *atar* es "enlazar". En este sentido, se utiliza en el caso de engrillar a un prisionero (Hechos 12:6) o vendar las heridas de una persona (Lucas 10:34).

No obstante, en un sentido más amplio, *atar* y sus palabras relacionadas, como *atadura* y *atado*, pueden definirse como: restringir a una persona o personas en su libertad de acción, elección o expresión, o robarles su libertad, con excepción de la muerte.

Algunas palabras que se utilizan en el Nuevo Testamento para expresar el mismo significado o uso similar son:

☐ *Detener:* el que detiene es el Espíritu Santo (2 Tesalonicenses 2:6-7).

☐ *Impedir:* los responsables son los judíos (1 Tesalonicenses 2:16) o Satanás, en 1 Tesalonicenses 2:18. O, en Romanos 1:13, las circunstancias.

☐ *Enredar:* en este caso, la corrupción del mundo (2 Pedro 2:20).

☐ *Cautivar:* el peligro es el diablo (2 Timoteo 2:26).

DESATAR

El significado básico de *desatar* es "soltar", por ejemplo, desatar a un animal (Mateo 21:2) o desenvolver las ataduras de un muerto (Juan 11:44), pero también tiene otros significados más importantes:

☐ Poner en libertad: el objeto de la liberación son los cautivos (Lucas 4:18).

☐ Quitar cadenas: sanar de una enfermedad (Lucas 13:16).

☐ Perdonar o cancelar: remitir una deuda (Lucas 7:42; Mateo 6:12).

☐ Derribar una barrera: la discriminación entre judíos y gentiles (Efesios 2:14).

☐ Permitir: dar libertad para hablar (Hechos 21:39-40).

☐ Liberar: la creación, liberada de su atadura de la corrupción (Romanos 8:21).

Por tanto, podemos definir *desatar* como: liberar a una persona o personas de circunstancias, personas o cosas que restringen su libertad de acción, elección o expresión, o le roban su libertad.

PASAJES BÍBLICOS

Hay tres pasajes bíblicos que son cruciales para comprender lo que queremos decir cuando hablamos de atar y desatar. El más extenso –y el más importante– es Mateo 16:13-20; los otros son Mateo 18:15-19 y Juan 20:21-23.

Para tratar la aplicación práctica de atar y desatar, los pasajes clave son Mateo 12:25-30 (y su paralelo, Marcos 3:22-27) y Lucas 11:14-26.

MATEO 16:13-20

Cuando llegó a la región de Cesarea de Filipo, Jesús preguntó a sus discípulos:
—¿Quién dice la gente que es el Hijo del hombre?
Le respondieron:
—Unos dicen que es Juan el Bautista, otros que Elías, y otros que Jeremías o uno de los profetas.
—Y ustedes, ¿quién dicen que soy yo?
—Tú eres el Cristo, el Hijo del Dios viviente —afirmó Simón Pedro.
—Dichoso tú, Simón, hijo de Jonás —le dijo Jesús—, porque eso no te lo reveló ningún mortal, sino mi Padre que está en el cielo. Yo te digo que tú eres Pedro, y sobre esta piedra edificaré mi iglesia, y las puertas del reino de la muerte no prevalecerán contra ella. Te daré las llaves del reino de los cielos; todo lo que ates en la tierra quedará atado en el cielo, y todo lo que desates en la tierra quedará desatado en el cielo.
Luego les ordenó a sus discípulos que no dijeran a nadie que él era el Cristo.

Hay varios asuntos muy importantes que se tratan en este pasaje, que son esenciales para comprender la declaración final de Jesús sobre atar y desatar.

1. La identidad de Jesús

El pasaje comienza con Jesús presentando el tema de su identidad y concluye con una advertencia a los discípulos, para que no hicieran conocer esa identidad a nadie por el momento. Por tanto, el pasaje entero trata sobre quién es Jesús. Había dos posibilidades.

El Mesías, el Cristo

La palabra hebrea *mesías* corresponde a la griega *christos*, y ambas significan "ungido". Con el colapso de los sueños y las aspiraciones de Israel como nación, los profetas comenzaron a discernir una restauración final mucho mas gloriosa y amplia que los más locos sueños de este pueblo, el arribo de la era mesiánica y el reinado del Ungido de Dios, el Hijo de David.

> *Se extenderán su soberanía y su paz,*
> *y no tendrán fin.*
> *Gobernará sobre el trono de David*
> *y sobre su reino,*
> *para establecerlo y sostenerlo*
> *con justicia y rectitud*
> *desde ahora y para siempre*
>
> — Isaías 9:7

Los profetas forzaron la capacidad del idioma para expresar su visión de la era por venir. El lobo iba a vivir con el cordero; el niño iba a jugar cerca de la cueva de la cobra. Los hombres iban a convertir sus espadas en arados, sus lanzas en hoces, y las naciones ya no iban a volver a prepararse para la guerra.

> *No harán ningún daño ni estrago*
> *en todo mi monte santo,*
> *porque rebosará la tierra*
> *con el conocimiento del S*ENOR
> *como rebosa el mar con las aguas*
>
> — Isaías 11:9

El profeta como Moisés, el siervo sufriente

Pero los profetas veían claramente que, si el Reino llegaba con toda su santidad, iba a confirmar todo aquello que estuviera en armonía con él, pero también iba a destruir todo lo que no concordara con su santidad. Hablaron de hombres que se metían en hoyos en la tierra y pedían a las rocas que los cubrieran del "día del Señor, grande y temible". También estaban hablando de la venida de la era mesiánica.

Pero en la lucha por la tensión entre el Reino venidero y el destino de los pecadores, vieron el surgimiento de otra figura, el profeta como Moisés (Deuteronomio 18:18), el Siervo Sufriente, que iba a llevar nuestras enfermedades y dolores, cuya vida iba a ser una ofrenda por la culpa y que iba a justificar a muchos porque llevaría su iniquidad (Isaías 53:1-12).

Los judíos de la época de Jesús pensaban que estas eran dos personas diferentes. Cuando Juan el Bautista confesó abiertamente: *"Yo no soy el Cristo"*, la pregunta fue: *"¿Eres el profeta?"* (Juan 1:20-21). Con Jesús mismo, hubo una continua controversia sobre si era el Cristo o el Profeta (Juan 4:29; 6:14).

La primera revelación de Juan el Bautista respecto de Cristo fue que Él era el Siervo Sufriente, el Cordero de Dios, que quita el pecado del mundo (Juan 1:29). Solo después, estando encarcelado, cuando se enteró de los milagros que Jesús hacía, comenzó a pensar que podía también ser el Mesías (Mateo 11:1-7).

Por otra parte, la revelación de Pedro fue que Jesús de Nazaret era el Mesías, el Cristo, el Rey Ungido de Dios (Mateo 16:16). Luego, cuando Jesús comenzó a explicarle que Él también era el Siervo Sufriente, Pedro tuvo serios problemas para aceptar esa revelación (Mateo 16:22).

■ *Punto 1: Jesús de Nazaret es el Cristo, el Mesías, el Rey del Reino de Dios, ungido por Dios.*

2. LA ROCA

Dado que Pedro está hablando por conocimiento obtenido por revelación, Jesús lo lleva un paso más allá en la verdad. La controversia que rodea desde hace siglos a Pedro y la roca desaparece cuando comparamos lo que Pedro y Jesús dijeron el uno sobre el otro.

Tú eres:	*Tú eres:*
Pedro	el Cristo
Hijo de Jonás	Hijo del Dios viviente
Pedro (*petros*, piedra)	la Roca (*petra*, una masa de roca)

Además, el significado era totalmente claro para los discípulos, porque "la Roca" era uno de los bien conocidos nombres de Dios en el Antiguo Testamento (Deuteronomio 32:13, 15, 18, 30; 1 Samuel 2:2; 2 Samuel 22:2; 23:3; Salmo 18:31; Isaías 26:4; 30:29; Habacuc 1:12).

Proclamaré el nombre del SEÑOR.
¡Alaben la grandeza de nuestro Dios!
Él es la Roca, sus obras son perfectas,
y todos sus caminos son justos

— Deuteronomio 32:3-4

Además, Pablo, al mirar la experiencia en el desierto en que Moisés sacó agua de la piedra (Éxodo 17:6; Números 20:8), dice inequívocamente: *"... la roca era Cristo"* (1 Corintios 10:4).

■ **Punto 2:** *Jesús de Nazaret no solo es el Mesías Rey, también es la Roca de Israel, es decir, Dios en Persona, fundamento y edificador de la Iglesia.*

3. Las puertas del Hades

El Hades es el lugar de los espíritus que han partido, y aquí se lo menciona como ciudad de la muerte. La muerte y el Hades siempre van juntos, aun hasta el juicio final en el lago de fuego (Apocalipsis 1:18; 6:8; 20:13-14).

En la Antigüedad, las puertas de la ciudad no solo eran la forma de entrar o acceder a ella, sino también la clave estratégica para conquistarla o controlarla. Por tanto, una persona que está muriendo se está acercando *"a las puertas mismas de la muerte"* (Salmo 107:18), y capturar la ciudad es "poseer las puertas de los enemigos" (vea Génesis 22:17).

Debido a su fortaleza y su importancia, las puertas representan el poder de la ciudad. Por tanto, las puertas del Hades son *"el poder de la Muerte"* (El Libro del Pueblo de Dios, Biblia católica).

■ **Punto 3:** *Jesucristo, la Roca de Israel, el Rey Mesiánico del Reino de Dios, es el fundamento de la Iglesia, victorioso sobre los poderes más fuertes del mundo invisible, el reino de la misma muerte.*

4. Las llaves del reino

Observe que "el reino de los cielos" y "el Reino de Dios" son dos expresiones que significan lo mismo: el reinado o gobierno de Dios. (Compare

Mateo 13:31-32 con Marcos 4:30-32, y Mateo 4:17 con Marcos 1:15). Mateo usa la expresión rabínica en la cual "cielo" es una forma indirecta de decir "Dios".

En La Biblia, la llave es un símbolo de autoridad. Por tanto, se dice que Jesús tiene:

☐ *"Las llaves de la muerte y del infierno* (Hades)*"* (Apocalipsis 1:18), es decir, **autoridad sobre la muerte y el infierno**.

☐ *"La llave de David"* (Apocalipsis 3:7; vea Isaías 22:20-23), es decir, **la llave o autoridad del Reino**. Él abre, y nadie cierra; y cierra, y nadie abre.

Las llaves del Reino son la autoridad para ejercer el poder del reino para que se produzcan en la tierra la clase de efectos que se producen en el cielo. Significa poner en práctica lo que expresa el Padrenuestro:

"Venga tu reino, hágase tu voluntad en la tierra como en el cielo"
— Mateo 6:10

Las llaves unen el cielo y la tierra en poder para lograr ese resultado.

■ *Punto 4: Jesús, el Rey Mesiánico, la Roca de Israel, da a sus discípulos la autoridad del Reino para que el gobierno de Dios se produzcan en la tierra como en el cielo.*

5. Atar y desatar

El medio por el cual se llegará al gobierno de Dios en la tierra es atar y desatar. Esto es: restringir en la tierra aquellas cosa que están restringidas o detenidas en el cielo y liberar en la tierra aquellas cosas que son liberadas en el cielo. Así, la tierra sigue al cielo, y el cielo dicta el curso de acción en la tierra. Todo lo que esto implica quedará más claro a medida que avancemos.

MATEO 18:15-19

El contexto más amplio de este pasaje ocupa la totalidad del capítulo 18, y su ubicación en este capítulo es la clave para comprender los versículos 15 al 19.

El tema principal es, nuevamente, el Reino de Dios. Comienza con la pregunta de los discípulos sobre quién es el mayor en el Reino. Jesús responde llamando a un niño para que se acerque a Él y habla de:

☐ Hacerse como un niño para entrar en el Reino (v. 3).

☐ Humillarse como un niño para ser el más grande en el Reino (v. 4).

☐ Recibir a un niño es recibir al Rey del Reino (v. 5).

Entonces, el niño (en griego, *paidon*) se convierte en un símbolo de todos los pequeños (en griego, *micros*), es decir, todos los que son pequeños en edad, situación, rango o reputación: los humildes y los nuevos creyentes. Jesús habla de:

☐ Los que hacen que un pequeño tropiece (v. 6).

☐ Los que desprecian a los pequeños (v. 7).

☐ Los que buscan al pequeño que se ha perdido, la oveja perdida (vv. 10-14).

Inmediatamente después de la parábola de la oveja perdida, Jesús continúa diciendo:

Si tu hermano peca contra ti, ve a solas con él y hazle ver su falta. Si te hace caso, has ganado a tu hermano. Pero si no, lleva contigo a uno o dos más, para que "todo asunto se resuelva mediante el testimonio de dos o tres testigos". Si se niega a hacerles caso a ellos, díselo a la iglesia; y si incluso a la

iglesia no le hace caso, trátalo como si fuera un incrédulo o un renegado. Les aseguro que todo lo que ustedes aten en la tierra quedará atado en el cielo, y todo lo que desaten en la tierra quedará desatado en el cielo. Además les digo que si dos de ustedes en la tierra se ponen de acuerdo sobre cualquier cosa que pidan, les será concedida por mi Padre que está en el cielo. Porque donde dos o tres se reúnen en mi nombre, allí estoy yo en medio de ellos
— Mateo 18:15-20

He aquí algunos puntos importantes para comprender este pasaje:

■ **El propósito principal es ganar y recuperar al hermano que está en pecado**, que es la oveja que se ha perdido. Si se restauran la unidad y la concordia, entonces, la tierra está en armonía con el cielo, y todo lo que se pida, será concedido. Lo será, porque el pedido será precisamente por la clase de cosas que se aprueben en el cielo.

■ **Si el planteo individual para la reconciliación falla, el hermano pecador no debe ser abandonado**, sino buscado por medio del consejo colectivo de dos o tres o, si esto no diera resultado, de la iglesia toda. Esto es porque, cuando dos o tres se reúnen en el Nombre de Cristo, representan su autoridad y garantizan la presencia entre ellos del Rey de los cielos, el Rey del Reino.

■ **Si el planteo final falla, el hermano pecador debe ser tratado como un pagano o un recaudador de impuestos**. Observemos que esto no significa que deba ser evitado ni condenado al ostracismo, ya que Jesús era amigo de recaudadores de impuestos, y Mateo mismo había sido uno de ellos.

Tampoco significa negarle el perdón, porque Jesús continúa contando la parábola del siervo inmisericorde para demostrar todo lo que el verdadero perdón soporta. Pero sí significa que el ofensor se ha separado por sí mismo de la comunidad de la fe y, aunque continúa siendo objeto de evangelismo e intercesión, ya no es objeto de comunión dentro del Cuerpo.

■ *En este contexto, atar y desatar se convierte en un asunto de disciplina de la Iglesia*, pero la disciplina no debe ser ejercida por causa de una herida u ofensa personal, sino en la autoridad del Reino de Dios y, por tanto, basándose en lo que el Reino permite y lo que el Reino prohíbe.

Además, la primera aplicación de atar y desatar debe ser redentora, es decir, restringir o detener las influencias que causan luchas y divisiones, y liberar a las personas afectadas de esas influencias o circunstancias para que pueda lograrse la reconciliación.

JUAN 20:19-23

En este pasaje, no se utilizan literalmente las palabras "atar" y "desatar", pero perdonar y retener son sinónimos comunes de atar y desatar cuando se trata de deudas monetarias o morales (obligaciones). (Vea Mateo 6:12; 18:27; Romanos 1:14).

> *Al atardecer de aquel primer día de la semana, estando reunidos los discípulos a puerta cerrada por temor a los judíos, entró Jesús y, poniéndose en medio de ellos, los saludó.*
> *—¡La paz sea con ustedes!*
> *Dicho esto, les mostró las manos y el costado. Al ver al Señor, los discípulos se alegraron.*
> *—¡La paz sea con ustedes! —repitió Jesús—. Como el Padre me envió a mí, así yo los envío a ustedes.*
> *Acto seguido, sopló sobre ellos y les dijo:*
> *—Reciban el Espíritu Santo. A quienes les perdonen sus pecados, les serán perdonados; a quienes no se los perdonen, no les serán perdonados.*
> — – Juan 20:19-23

Aquí tenemos la misma secuencia de autorizar y dar poder que en los pasajes anteriores, pero en esta ocasión, el cielo y la tierra están unidos por la presencia de Aquel que tiene las llaves del Reino. Los dos o tres están reunidos, y Jesús está en medio de ellos.

1. Autorizar

"Como el Padre me envió a mí, así yo los envío a ustedes" (v. 21). Así como el Padre dio autoridad al Hijo (Juan 5:27), de la misma manera, el Hijo ahora da autoridad a los discípulos.

2. Dar poder

"Reciban el Espíritu Santo" (v. 22). En la vida y el ministerio de Jesús, el Espíritu Santo era el *"poder del Señor"* (Lucas 5:17). Ahora, Jesús da acceso al mismo poder a sus discípulos, por la presencia del mismo Espíritu Santo.

3. Aplicación

La traducción del versículo 23 que hace La Biblia de las Américas (en anotación al margen) se hace eco de Mateo 16 y Mateo 18: *"A quienes perdonéis los pecados,* éstos *les son* (lit., han sido) *perdonados; a quienes retengáis los* pecados, éstos *les son* (lit., han sido) *retenidos".*

Cuando las llaves del Reino encierran juntos la tierra y el cielo —la dimensión invisible, espiritual, de la realidad, donde Cristo reina y el Reino funciona en toda su plenitud— (Efesios 1:19-23),

☐ las decisiones de la tierra siguen a las decisiones del cielo;

☐ las actividades de la tierra siguen a las actividades del cielo;

☐ los juicios de la tierra siguen a los juicios del cielo;

☐ las declaraciones de la tierra siguen a las declaraciones del cielo.

En todas estas situaciones, lo primordial es la voluntad y los propósitos de Dios, y el Espíritu Santo es quien revela esa voluntad y esos propósitos.

RESUMEN DE LOS PASAJES BÍBLICOS

La Iglesia ha recibido autoridad (las llaves del Reino) y el poder del Espíritu Santo para concretar en la tierra las condiciones que se aplican en el cielo, es decir, para cumplir la voluntad de Dios en la tierra como se cumple en el cielo. El alcance de esta autoridad cubre:

☐ Atar y desatar demonios, enfermedades y circunstancias (Mateo 16:13-20).

☐ Atar y desatar comportamientos, disciplina de la Iglesia (Mateo 18:15-19).

☐ Perdonar y retener pecados (Juan 20:19-23).

CAPÍTULO 10

QUÉ IMPLICA ATAR Y DESATAR

En el capítulo 9, definimos atar y desatar como restringir la libertad de acción por un lado, y liberar de tal restricción, por el otro.

Primero, observemos que atar, o llevar cautivo, es malo cuando una persona es prisionera de demonios, enfermedad o deudas. Pero es bueno cuando la persona se siente "atada" u obligada a guardar una promesa o cuando significa restringir la libertad de malos espíritus u hombres.

Desatar es bueno cuando significa liberar a alguien de sus temores o adicciones, o de una posesión demoníaca, pero es malo cuando significa soltar nuestra lengua para mal (Salmo 50:19) o nuestro comportamiento en una vida licenciosa.

Segundo, recordemos que Satanás también ata y desata siempre que puede (1 Tesalonicenses 2:18). Por lo tanto, el resultado depende de quién ata o desata, y de qué es lo que se ata o desata. En lo que a nosotros concierne, debemos:

☐ Atar lo que Dios ata y desatar lo que Satanás ata.

☐ Desatar lo que Dios desata y atar lo que Satanás desata.

En tercer lugar, las dos actividades suelen ir juntas. Desatar a una persona del poder de un espíritu maligno generalmente implica atar o restringir la libertad de acción de ese espíritu (Marcos 1:32-34; 9:25).

ATADURAS O CAUTIVIDAD

El detallado análisis de las ataduras en el Nuevo Testamento es una indicación de la importancia de este tema. También revela que la mayor parte de las ataduras que se realizan, las realiza Satanás, y que el ejercicio de nuestra autoridad consistirá, primordialmente, en liberar a las personas de sus ataduras.

■ *Las ataduras pueden ser literales*

☐ Grillos o cadenas físicas (Lucas 8:29).

☐ La situación de encarcelamiento, cautividad o servidumbre (Mateo 18:25; 2 Corintios 6:5; Filipenses 1:7, 13; Tito 2:9).

■ *Pueden ser condiciones físicas que restrinjan la libertad de acción o expresión de una persona*

☐ Impedimentos como ceguera, sordera o problemas en el habla (Mateo 15:14; Marcos 7:32).

☐ Parálisis u otras enfermedades que dejan lisiada a una persona (Lucas 13:16).

■ *Las restricciones pueden ser impuestas por ley*

☐ El propósito de la ley es restringir el mal en la sociedad y, en otras áreas, marcar límites a la libertad individual. Por ejemplo, la ley de matrimonio o de sociedades (Romanos 7:2; 2 Corintios 6:14).

☐ Pero la ley también puede ser usada para restringir el evangelio (Hechos 9:1-3).

■ *La atadura puede ser moral*; es decir que la persona está restringida en cuanto a lo que se siente en libertad de hacer, no por una fuerza

exterior, sino por una limitación interna. Esto es importante cuando tratamos la naturaleza de la autoridad que ejercemos, que es, principalmente, una autoridad moral y espiritual.

- [ ] Una persona puede atarse por medio de una promesa o un juramento o voto (Hechos 20:22ss).

- [ ] O puede tener una convicción interior tan fuerte sobre lo que debe hacer, que sienta que debe hacerlo, cueste lo que cueste (Hechos 23:12, 21).

- [ ] La conciencia funciona como una ley internalizada para limitar nuestro comportamiento, aun en ausencia de una ley externa (Romanos 2:14).

- [ ] Una persona puede sentirse "atada por un deber", es decir, constreñida por un sentido del deber u obligación a hacer algo o ir a algún lugar (Romanos 1:14).

- ■ La atadura puede ser psicológica

- [ ] Adicción a las drogas, alcohol, juego, etc. (1 Timoteo 3:8).

- [ ] Esclavitud a ciertos estados de ánimo o emociones, como temor, ansiedad, ira, rechazo o depresión (Proverbios 19:19; Isaías 54:6; Hebreos 2:14-15).

- [ ] Dominación o manipulación por parte de otras personas, por medio de la fuerza de la voluntad, la personalidad, la emoción o la presión de los pares.

- ■ *La atadura puede ser espiritual.* Por ejemplo:

- [ ] Hábitos pecaminosos o sensualidad (Tito 3:3; 2 Pedro 2:19).

- [ ] Mente o voluntad pasiva (2 Timoteo 2:26). La persona está esclavizada o cautiva y, aparentemente, no puede dar ningún paso hacia la libertad o reconocer el engaño.

- [ ] Ataduras de ocultismo (Hechos 8:23-24), por haberse involucrado en espiritismo, hechicería, magia, religiones paganas o sociedades que están total o parcialmente bajo el control de fuerzas ocultas o prácticas ocultas.

- [ ] Posesión demoníaca. La persona está bajo control demoníaco, total o parcialmente, de forma temporal o permanente (Marcos 5:1-13).

- [ ] Maldiciones, es decir, palabras de maldición o de maldad que se han convertido en vehículos para la intervención de espíritus malignos (Lucas 6:28; 1 Samuel 17:43).

- [ ] Votos internos que se convierten en maldiciones autoimpuestas o profecías autocumplidas porque reflejan nuestros propios temores o dudas interiores (Proverbios 26:2).

■ *Las circunstancias pueden atar a una persona de tal manera que le reste poca libertad de acción*

- [ ] Las deudas o la pobreza, incluida la "trampa de la pobreza", es decir, los pobres que necesitan educación y capacitación para salir de su situación, pero no tienen el dinero para procurárselas, no pueden trasladarse para buscar trabajo y tienen niveles de salud y nutrición tan precarios que los incapacitan para un trabajo arduo.

- [ ] Otros conjuntos de circunstancias, algunas veces, nos fuerzan y nos dejan pocas o ninguna opción para elegir.

¿A QUIÉN O QUÉ DEBEMOS ATAR?

Debemos atar en la tierra todo lo que el Reino de Dios ata en el cielo.

- **Satanás y su jerarquía de poderes demoníacos** (Efesios 6:12). Detrás de la estructura de la sociedad, se encuentra la jerarquía de gobernadores, autoridades, poderes y fuerzas espirituales de maldad en los ámbitos invisibles, espirituales. Estos esclavizan a la raza humana e interfieren la respuesta de personas, instituciones y sociedades al evangelio (Marcos 9:25; Apocalipsis 20:1-2).

  ☐ Geográficos: sobre países, estados, ciudades, territorios y terrenos (1 Reyes 11:5; 2 Reyes 17:29-31; Isaías 21:9; Daniel 10:13, 20).

  ☐ Sobre esferas de influencia, por ejemplo, Mamón (en relación con el dinero) o Moloc (en relación con el aborto), Afrodita (en relación con el sexo), etcétera.

- **Demonios o espíritus malignos** que demonizan a individuos y grupos como espiritistas, aquelarres, seguidores de religiones paganas y sociedades ocultas.

- **Poderes y principados.** Es decir, las manifestaciones estructurales del poder en la sociedad, los gobiernos, las burocracias, las sociedades comerciales, las culturas nacionales, los medios, las instituciones educativas, etc. (Vea la Sección 1).

  Hay un espíritu colectivo interior en estos poderes que está caído, pero no es demoníaco, y que se rebela contra el señorío de Cristo. Esta rebelión y las acciones e influencia de los poderes deben ser refrenadas cuando se oponen al Reino de Dios.

- **Las acciones, influencias y actitudes de las personas** cuando son instrumentos del mal o la opresión en la sociedad. Por ejemplo: la pornografía, la prostitución, el aborto, el tráfico de drogas, la codicia y la corrupción. Estos poderes (vea "Poderes y principados" arriba) son creados por personas, y viven y obran en las personas y a través de ellas.

■ *Circunstancias, enfermedades, dolencias e influencias* que se oponen a la voluntad de Dios, obstaculizan sus propósitos, impiden el progreso del evangelio o llevan sufrimiento y aflicción a las vidas de las personas.

¿A QUIÉN O QUÉ DEBEMOS DESATAR?

■ *A las personas.* Debemos liberarlas de sus ataduras, enfermedades, inhibiciones, temores y pecados, y dejarlas en libertad para que pongan en práctica el potencial que Dios les ha dado para servirlo. Las personas necesitan ser liberadas:

☐ En su espíritu humano, para poder escuchar a Dios, adorar a Dios y obrar con eficacia en el ejercicio de sus dones y gracias espirituales.

☐ En su mente, de manera que estén libres de pensamientos compulsivos y sean renovadas por el Espíritu Santo.

☐ En su voluntad, de adicciones y hábitos esclavizantes.

☐ En sus emociones, de dolores internos, temores e inhibiciones.

☐ En su cuerpo, de enfermedades y discapacidades físicas, psicosomáticas o de origen espiritual.

☐ En sus relaciones: matrimonio, familia, iglesia, grupos sociales.

■ *Poderes y principados.* Los poderes creados o estructurales, es decir, las organizaciones e instituciones de las sociedades humanas, que están caídos, pero no son demoníacos, deben ser liberados de los poderes demoníacos para que puedan abrirse al cambio y ser recuperados para cumplir las funciones y los destinos que Dios ordenó para ellos en su Reino. Por tanto, debemos:

☐ Echar los demonios fuera de las estructuras y fuera de las áreas geográficas o geopolíticas del mundo.

☐ Transmitir a las estructuras de países y sociedades las afirmaciones de Jesucristo sobre su señorío.

▪ ***Los recursos***: dinero, instalaciones, tierras, equipos, personal, materiales e ideas que se necesitan para la obra del Reino de Dios.

CAPÍTULO 11

PRIMERO, ATEMOS AL HOMBRE FUERTE

En Mateo 12, hay una controversia entre Jesús y los fariseos que afirmaban que Él echaba fuera los demonios por Beelzebú o Satanás, el príncipe de los demonios. En el transcurso de su respuesta, Jesús afirmó:

> *Todo reino dividido contra sí mismo quedará asolado, y toda ciudad o familia dividida contra sí misma no se mantendrá en pie. Si Satanás expulsa a Satanás, está dividido contra sí mismo. ¿Cómo puede, entonces, mantenerse en pie su reino? Ahora bien, si yo expulso a los demonios por medio de Beelzebú, ¿los seguidores de ustedes por medio de quién los expulsan? Por eso ellos mismos los juzgarán a ustedes. En cambio, si expulso a los demonios por medio del Espíritu de Dios, eso significa que el Reino de Dios ha llegado a ustedes.*
>
> *¿O cómo puede entrar alguien en la casa de un hombre fuerte y arrebatarle sus bienes, a menos que primero lo ate? Sólo entonces podrá robar su casa*
>
> — Mateo 12:25-29

Al tratar el asunto de atar y desatar, Jesús establece un principio muy importante:

☐ **Lo primero, primero: atemos al hombre fuerte**

En la mayoría de los casos, en la consejería, se enfoca la situación exactamente al contrario; primero, la carne; después, los problemas emocionales; después, las dificultades en las relaciones; después, las ataduras generacionales y finalmente, si queda algo que no tiene explicación, se considera la posibilidad de posesión demoníaca en una u otra forma.

Jesús dice que esto es como tratar de robar la casa de un hombre fuerte, mientras ese hombre fuerte aún está en ella y tiene libertad de acción.

Si no se solucionan primero las fortalezas demoníacas, la experiencia, generalmente, será:

☐ Las fortalezas producirán confusión y caos en el proceso de tratar de diagnosticar cuáles son los verdaderos problemas. Cuanto más se investigue, más enredado y confuso aparecerá el asunto.

☐ Además, se resistirán con firmeza y obstaculizarán los esfuerzos de la persona por solucionar los problemas o abrirse a la gracia de Dios.

¿QUIÉN ES EL HOMBRE FUERTE?

El Nuevo Testamento devela, no un mero principio del mal en el universo, sino un reino muy organizado y poderoso, implacablemente opuesto a la voluntad de Dios y decidido a mantener al hombre y el mundo en esclavitud. Este reino de las tinieblas de:

1. Satanás, su príncipe o gobernante

Satanás, el arcángel caído (Ezequiel 28:11-17) es descrito como príncipe o gobernante de los demonios (Mateo 9:34, 12:24). Cuando Adán cayó, perdió su autoridad sobre el mundo, y en el vacío espiritual que quedó entonces, llegó Satanás, que se convirtió en dios y gobernador del mundo (Juan 12:31; 14:30; 16:11; 2 Corintios 4:4).

Sus nombres revelan su carácter. Satanás, el adversario (1 Pedro 5:8), diablo, el acusador o calumniador (Apocalipsis 12:10), el maligno (1 Juan 5:19), el enemigo (Lucas 10:19), el engañador (Apocalipsis 20:10), asesino y padre de mentira (Juan 8:44). Se lo compara con una serpiente (2 Corintios 11:3), un dragón (Apocalipsis 13:2) y un león rugiente (1 Pedro 5:8).

En su reino de tinieblas, Satanás tiene un trono (Apocalipsis 2:13; 13:2) y fortalezas (2 Corintios 10:4). Tiene poder para realizar prodigios y señales (2 Tesalonicenses 2:9), el poder o la fortaleza de la muerte (Hebreos 2:14) y profundos misterios del mal (2 Tesalonicenses 2:7; Apocalipsis 2:24).

Satanás no es omnipotente ni omnipresente. No puede estar en más de un lugar al mismo tiempo. Opera a través de un vasto ejército de ángeles caídos (2 Pedro 2:4; Judas 1:6); seres espirituales también llamados demonios (Lucas 8:27), espíritus malignos (Lucas 11:24-26) y espíritus inmundos (Marcos 9:25). Estos están organizados como se explica a continuación.

2. una jerarquía o estructura de poderes malignos

Esta estructura no se explica exhaustivamente en ningún lugar de La Biblia, pero se hace referencia a ella en diversas categorías y términos. Una forma de interpretar la rica variedad de información disponible es:

■ **Poderes geopolíticos y geográficos (territoriales)**

☐ *Los gobernantes de este mundo* (*kosmoskrator*, Efesios 6:12) *o gobernadores de este siglo*. Son, probablemente, los poderes del orden más alto.

☐ *Principados o potestades* (*arche*). Posiblemente, son los dioses de naciones o territorios (Deuteronomio 32:8, El Libro del Pueblo de Dios; Daniel 10:13-20; quizás, Hechos 16:9).

☐ *Autoridades* (*archon*, 1 Corintios 2:6, 8; Colosenses 1:16). Son los órdenes menores de poderes geográficos o territoriales, quizá sobre instituciones específicas.

■ **Poderes sobre áreas o esferas de influencia**

☐ Dominios o señoríos (*kuriotes*): Por ejemplo, los medios, el dinero y las riquezas (Mamón), las culturas, las disciplinas académicas, los sistemas legales, etcétera.

☐ Poderes (*dunamis*, Romanos 8:38): Entre ellos, las fuerzas espirituales malignas (*pneumatikos*) en el ámbito espiritual.

☐ Potestades o autoridades (*exousia*, Colosenses 2:15; 1 Pedro 3:22). Seres que tienen el derecho de usar un poder delegado por los órdenes que están por encima de ellos.

La figura es la de una red intrincada de estructuras de poder que dependen, en gran manera, unas de otras y del poder de Satanás y de los gobernantes del mundo. Aunque Satanás es *el* hombre fuerte, también hay, en cada territorio específico o conjunto de circunstancias, o persona poseída, un "hombre fuerte" que representa la fuente de poder y la influencia dominante en esa situación en particular. Él es la clave para liberar esa situación.

JESÚS Y EL HOMBRE FUERTE

Cuando Jesús dice: "Primero, atemos al hombre fuerte", está hablando de una dura experiencia que Él mismo debió enfrentar. Lo primero que Jesús hizo después de ser bautizado y lleno del Espíritu Santo fue buscar al hombre fuerte, Satanás mismo, en el desierto (Mateo 4:1-11).

■ Allí, en las condiciones más desfavorables: en el desierto –no en un huerto como el de Edén–, no recién descansado, sino después de ayunar cuarenta días y cuarenta noches, Él enfrentó toda la sutileza y el engaño seductor del arcángel caído, no en una tentación, sino en tres; y salió victorioso.

■ Jesús enfrentó a Satanás, cara a cara, como Hombre lleno del Espíritu Santo y **dejó establecida, de una vez por todas, su superioridad moral sobre el maligno**. El diablo encontró la horma de su zapato. Al principio, fue el tentador el que se acercó a Jesús; al final, fue Jesús quien, habiendo dominado al tentador, lo expulsó perentoriamente de su presencia: "¡Sal de aquí, Satanás!".

■ **Satanás fue atado**, es decir, su hasta entonces absoluta libertad sobre el mundo, ahora estaba limitada, porque sabía que si llegaba a un enfrentamiento final, la voluntad de este Hombre iba a conquistar la suya cada vez. Ya no podía soportar otras confrontaciones como esta. Por lo tanto, de aquí en adelante, debió trabajar indirectamente contra Jesús, por medio de Pedro, de Judas, de los poderes, de los elementos, para destruir al Hombre que lo vencía en cada oportunidad. Ese plan, como veremos, fue su derrota final.

Y SAQUEAR SU CASA

Después de atar al hombre fuerte en el desierto, Jesús regresó a Galilea en el poder del Espíritu (Lucas 4:14), fue a Nazaret e hizo su manifiesto en la sinagoga:

> *El Espíritu del Señor está sobre mí,*
> *por cuanto me ha ungido*
> *para anunciar buenas nuevas a los pobres.*
> *Me ha enviado a proclamar libertad a los cautivos*
> *y dar vista a los ciegos,*
> *a poner en libertad a los oprimidos,*
> *a pregonar el año del favor del Señor*
>
> — Lucas 4:18-19

Su ministerio público cumplió esta declaración.

■ *Iba por las sinagogas, echando fuera demonios.* Él prohibió hablar al demonio: *"¡Cállate! (...) ¡Sal de ese hombre!"* (Lucas 4:35); ordenó a un espíritu sordo y mudo: *"... te mando que salgas y que jamás vuelvas a entrar en él"* (Marcos 9:25); y en otros momentos, también ordenó a los demonios que no hablaran, porque sabían quién era Él (Marcos 1:34). Los demonios reconocían su autoridad y lo obedecían; hasta le pidieron permiso para entrar en el hato de cerdos en Gadara (Lucas 8:32).

■ *Cuando espíritus malignos habían afligido los cuerpos de hombres y mujeres, Él los libertó*: *"... a esta mujer, que es hija de Abraham, y a quien Satanás tenía atada durante dieciocho largos años, ¿no se le debía quitar esta cadena en sábado?"* (Lucas 13:16).

■ *Cuando se produjo la tormenta en el lago, Jesús discernió la naturaleza demoníaca de la tempestad.* Reprendió el viento y literalmente "acalló" el mar (Marcos 4:39), igual como lo hizo con el espíritu impuro en la sinagoga (Lucas 4:34). *"Todos se asustaron y se decían unos a otros: «¿Qué clase de palabra es ésta? ¡Con autoridad y poder les da órdenes a los espíritus malignos, y salen!»"* (Lucas 4:36).

■ *Después de dejar establecida su supremacía indiscutible sobre Satanás y los demonios, Jesús autorizó a sus discípulos a actuar de la misma manera y echar fuera demonios como Él* (Lucas 9:1-2). Cuando los setenta discípulos regresaron con gozo, diciendo: *"Señor, hasta los demonios se nos someten en tu nombre"* (Lucas 10:17), Jesús les explicó el por qué: *"Yo veía a Satanás caer del cielo como un rayo"* (v. 18).

Lo que sus discípulos habían hecho era saquear la casa del hombre fuerte después de atarlo e inhibirlo.

■ *Jesús declaró que la supremacía y la autoridad que Él había establecido sobre Satanás y los demonios era por la presencia en Él del Espíritu Santo, y una señal de la venida del Reino de Dios.* *"En cambio, si expulso a los demonios por medio del Espíritu de Dios, eso significa que el Reino de Dios ha llegado a ustedes"* (Mateo 12:28). En otras palabras, Jesús estaba haciendo en la tierra las cosas que ya se estaban haciendo en el cielo. *"Ciertamente les aseguro que el hijo no puede hacer nada por su propia cuenta, sino solamente lo que ve que su padre hace"* (Juan 5:19).

LA VICTORIA DE LA CRUZ

En 1 Corintios 2, Pablo habla de la sabiduría oculta en la cruz de Cristo: *"Ninguno de los gobernantes de este mundo la entendió, porque de haberla entendido no habrían crucificado al Señor de la gloria"* (1 Corintios 2:8). Los gobernantes de este mundo que terminarán en nada (v. 6) son los poderes satánicos que orquestaron la muerte de Jesús. Lo que Pablo dice es que, si Satanás hubiera tenido idea de lo que iba a suceder por medio de la cruz, hubiera preferido talar todos los árboles de Palestina antes que permitir que se utilizara uno de ellos para crucificar al Señor de la gloria. Satanás comprendió demasiado tarde que la cruz era la atadura final y completa de su poder, y la restricción de su libertad para actuar.

- ***Por medio de su muerte y su resurrección de los muertos, Jesús le robó a Satanás su mayor arma contra la raza humana.***

> *Por tanto, ya que ellos son de carne y hueso, él también compartió esa naturaleza humana para anular, mediante la muerte, al que tiene el dominio de la muerte —es decir, al diablo—, y librar a todos los que por temor a la muerte estaban sometidos a esclavitud durante toda la vida*
> — Hebreos 2:14-15

- ***Con su obediencia total, hasta la muerte —y muerte en la cruz— (Filipenses 2:8), Jesús enfrentó y agotó la rebelión de los poderes y principados****: "Desarmó (en griego,* katargeo*) a los poderes y a las potestades, y por medio de Cristo los humilló en público al exhibirlos en su desfile triunfal"* (Colosenses 2:15).

Ahora, Jesús ha obtenido la máxima autoridad en cielo y tierra, después de que los ángeles, poderes y potestades fueron sometidos a Él (1 Pedro 3:22).

■ *Por el poder redentor de su sangre, Jesús nos ha librado de la autoridad de las tinieblas*; y Dios *"nos trasladó al reino de su amado Hijo"* (Colosenses 1:13). Hemos sido transformados, de enemigos rebeldes y desobedientes, en hijos amados, robando así a Satanás –*"el que gobierna las tinieblas, según el espíritu que ahora ejerce su poder en los que viven en la desobediencia"* (Efesios 2:2)– el territorio que poseía en nuestras vidas.

■ *La obra de Jesús al desposeer a Satanás de su autoridad sobre la humanidad debe ser continuada en esta era por sus seguidores, en ejercicio de la autoridad de Jesús, en su Nombre y por el poder de su Espíritu*. La razón por la que apareció el Hijo de Dios fue para deshacer –literalmente, "desatar"– las obras del diablo (1 Juan 3:8).

"Ciertamente les aseguro que el que cree en mí las obras que yo hago también él las hará, y aun las hará mayores, porque yo vuelvo al Padre"
— Juan 14:12

"Sí, les he dado autoridad a ustedes para pisotear serpientes y escorpiones y vencer todo el poder del enemigo; nada les podrá hacer daño"
— Lucas 10:19

CAPÍTULO 12

CÓMO ATAR AL HOMBRE FUERTE

En lo que respecta a atar al hombre fuerte, Jesús no nos deja con meras ideas vagas en cuanto a lo que esto significa. En Lucas 11, Jesús da detalles muy precisos sobre lo que esto significa y cómo hacerlo:

> *"Cuando un hombre fuerte y bien armado cuida su hacienda, sus bienes están seguros. Pero si lo ataca otro más fuerte que él y lo vence, le quita las armas en que confiaba y reparte el botín"*
>
> — Lucas 11:21-22

A continuación, mencionamos los importantes pasos que esto implica.

1. IDENTIFIQUE AL HOMBRE FUERTE

En todo lugar o conjunto de circunstancias, o incluso, en una vida individual, hay un poder demoníaco que controla la situación, organiza la defensa y es la fuente principal de poder o energía para otros espíritus que pueden estar involucrados. Algunos indicadores de la identidad del hombre fuerte son:

su armadura (panopleia)

La palabra *panopleia* se utiliza solo dos veces en el Nuevo Testamento.

En Efesios 6:11-18, se refiere a toda la armadura de Dios, y en Lucas 11:22 se refiere a toda la armadura de Satanás.

☐ Toda la armadura de Dios es el conjunto de condiciones de vida que Él desea establecer en nuestra vida y que le permitirán obrar en nosotros, al tiempo que impedirán o restringirán la obra de Satanás en nosotros.

☐ Toda la armadura de Satanás es el conjunto de condiciones de vida que él desea establecer en nuestra vida y que le permitirán obrar en nosotros, al tiempo que impedirán o restringirán la obra de Dios en nosotros.

Las condiciones de vida que Satanás desea establecer son todo lo opuesto de las que Dios desea establecer.

Toda la armadura de Dios	*Toda la armadura de Satanás*
Verdad	Mentira, engaño
Paz	Luchas, contiendas
Justicia (en las relaciones)	Alienación, rechazo
Fe	Desconfianza, sospecha, duda
Esperanza	Desesperación, depresión
La Palabra de Dios	Razonamientos humanos
Oración	Meditación ocultista

Si podemos identificar los principales componentes de las condiciones de vida en la persona o en la institución, podremos rastrear, a partir de ellas, los componentes del carácter del hombre fuerte.

El estado de la "casa"

Cuando los demonios entran en una persona y habitan en ella, esta es llamada su "casa" (Lucas 11:24-26). Lo mismo se aplica a una institución o en una entidad geopolítica, como una ciudad. Lo que se implica aquí es que hay cierta correspondencia entre el estado o la condición en que está la casa y la naturaleza de sus ocupantes. Así, La Biblia identifica a un espíritu sordo y mudo (Marcos 9:25), un espíritu inmundo (Lucas 4:33), un espíritu de adivinación (Hechos 16:16), etcétera.

el nombre

En La Biblia, el nombre siempre indica una identidad o carácter. Por esta razón, el nombre del hombre fuerte es, algunas veces, la clave para actuar de manera eficaz contra él. En ocasiones, vemos que Jesús exige que se le dé el nombre del demonio que controla a otros demonios. Esto es, obviamente, lo que sucede con el endemoniado gadareno. Jesús trata al espíritu como un individuo: «*¡Sal de este hombre, espíritu maligno!*» (Marcos 5:8), y este habla en singular: "*¿Por qué te entrometes, [...] no me atormentes! (...) Me llamo Legión*" (vv. 7, 9). Entonces, los demonios (plural) ruegan a Jesús que no los envíe fuera de esa región. Él les da permiso para entrar en los cerdos, y los espíritus malignos salen del hombre y entran en los animales (vv. 12-13). Legión era el nombre del hombre fuerte que controlaba y daba poder al ejército de demonios que ocupaba ese hombre.

Observemos que no siempre Jesús pedía el nombre, aunque es claro que siempre conocía la naturaleza de los espíritus que enfrentaba. La naturaleza del espíritu demoníaco también puede revelarse por los dones espirituales de la palabra de ciencia o de discernimiento de espíritus.

2. CONSIGA MÁS PODER DE SU LADO QUE EL QUE TIENE EL HOMBRE FUERTE

En Efesios 6:10-18, Pablo hace énfasis en algo que también afirma Jesús, que atar y vencer al hombre fuerte no es, de ninguna manera, cosa fácil y rápida. No es una guerra metafórica ni "de mentira"; es una guerra real, por lo tanto, el pasaje está lleno de fuertes imperativos, como "lucha", "resistir", "manténganse firmes", "manténgase alerta", "el día malo", etcétera.

Nuestra fuerza está en nuestra confianza en la absoluta victoria de la muerte y resurrección de Cristo sobre Satanás y todas sus huestes, y nuestra relación personal con el Victorioso. También descansa en la certeza de la autoridad que nos ha sido dada para predicar el evangelio, sanar a los enfermos y echar fuera demonios.

Pero aún necesitamos toda la armadura de Dios; son las condiciones de vida que nos permiten vencer. Pero estas requieren que las hagamos nuestras y las obedezcamos para tener efecto; por tanto, nuestra capacidad para la tarea de atar a un hombre fuerte en particular siempre tiene algo de relativo. Podemos descubrir que estamos intentando más de lo que podemos manejar por nuestra cuenta; por lo tanto, nunca debemos dudar en pedir ayuda. De hecho, la guerra siempre es un emprendimiento colectivo, y la victoria es para quien logra reunir mayores fuerzas (Romanos 13:12-14; Efesios 6:10).

3. ¡ATAQUE!

Una de las manifestaciones comunes del control demoníaco es la pasividad que induce; la voluntad de la persona está inerte, su mente está apagada, y su espíritu, aletargado y sin vida. Desde la perspectiva del hombre fuerte, todo está en quietud y paz. Pero el peligro de la pasividad, desde nuestro punto de vista, es que da toda la iniciativa a Satanás y pierde la batalla por defecto.

Ni siquiera la defensa es lo mejor; es decir, luchar solamente si somos atacados. La defensa, en el mejor de los casos, solo impide la derrota, pero nunca gana la guerra. El principio bíblico es siempre atacar; por eso, La Biblia no da instrucciones para fortificar una posición defensiva. Josué sale a luchar contra Amalec; David corre a enfrentar a Goliat; Jesús sale al desierto a encontrarse con Satanás. El ataque le quita la iniciativa al enemigo, dicta las condiciones de la batalla y elige el terreno en el que se librará. El terreno en que se gana la victoria es el del Calvario.

> *Porque ha sido expulsado*
> *el acusador de nuestros hermanos,*
> *el que los acusaba día y noche delante de nuestro Dios.*
> *Ellos lo han vencido*

*por medio de la sangre del Cordero
y por el mensaje del cual dieron testimonio*

—Apocalipsis 12:10-11

La posición del hombre fuerte es vulnerable, pero solo al ataque.

4. DOMÍNELO

El ataque debe sostenerse hasta que el hombre fuerte sea vencido. Aun en el ministerio de Jesús, aparentemente, la liberación no siempre fue instantánea; hubo resistencia, discusión, y algunas veces, la acción de Jesús está en tiempo continuo: *"Porque le decía: Sal del hombre, espíritu inmundo"* (Marcos 5:8, RVR 1960).

Luego trataremos en mayor detalle la naturaleza del poder que implica atar y desatar, pero aquí debemos destacar que la victoria final llega cuando se insiste en que la voluntad de Dios se haga en la tierra como en el cielo. Necesitamos persistir en esa postura hasta que la resistencia se derrumbe, como finalmente sucederá.

5. QUITE LAS ARMAS EN LAS QUE CONFIABA EL HOMBRE FUERTE

Esto significa enfrentar las condiciones de vida que han permitido que el hombre fuerte mantuviera su posición. Cuando atamos al hombre fuerte –y, generalmente, solo después de atarlo–, podemos tener acceso a los problemas de vida específicos que deben ser solucionados. Esto es fundamental para desmantelar las fortalezas demoníacas (2 Corintios 10:4) y dejar en libertad a la persona. Esto implicará:

- *Liberar la voluntad de la persona* para que pueda tomar decisiones genuinas por Cristo contra Satanás y las ataduras satánicas. No importa cuán hundida esté la voluntad de la persona, permanece la libertad de elección moral que Dios protege siempre.

- *Tratar uno por uno los pecados, hábitos esclavizantes, ataduras de ocultismo, temores y otros problemas.* Con frecuencia, hay un enredo que debe ser desatado con mucho cuidado y paciencia.

- *Arrepentimiento, perdón, limpieza y un reordenamiento de los patrones de pensamiento y el estilo de vida de la persona*, para reemplazar las condiciones demoníacas de vida por la armadura de Dios, las condiciones de vida que Dios desea establecer.

A medida que se rompen las fortalezas y cambian las condiciones de vida, es posible que haya sucesivas liberaciones de espíritus malignos relacionados con estos estados. Pero, una vez cortados del poder del hombre fuerte, generalmente es posible vencerlos con facilidad, o quizá se retiren por su propia voluntad.

6. DIVIDA EL BOTÍN

El propósito de atar es desatar. Liberar del control y los demonios que infestan a la persona es el aspecto negativo; liberar la vida para que llegue a la plenitud de su potencial es la parte positiva de desatar.

Los problemas de una persona son, casi siempre, una indicación de su mejor potencial, ya que Satanás trata de arruinar una vida en sus puntos más fuertes. Debemos liberar vida y creatividad en esas áreas atrofiadas a las que se les había negado expresión, para que la persona llegue a convertirse en todo lo que Dios la creó para que fuera. Esto es disfrutar del botín de la guerra en un sentido espiritual.

CAPÍTULO 13

LA PALABRA DE DIOS Y LA AUTORIDAD DEL CREYENTE

Antes de poder atar realmente algo o a alguien, o por el contrario, desatar o liberar a alguien que está atado, debemos saber cómo funciona el proceso y a qué nos enfrentamos. De lo contrario, caeremos en la trampa de pensar que lo único que debemos hacer es recitar la fórmula adecuada para que suceda algo. Pronto descubriremos que nada sucede, no importa cuánto gritemos o las palabras que usemos.

Para este caso, podemos dejar de lado las cadenas físicas o el encarcelamiento, ya que no se puede encadenar a un demonio o ponerlo en una cárcel. Por tanto, debemos considerar las formas en que puede quitarse o restringirse la libertad a una persona sin el uso de la fuerza física. Hay tres formas principales de hacerlo:

1. La ley
2. La autoridad
3. El poder espiritual

LA FUERZA DE LA LEY

La ley tiene el poder de restringir nuestra libertad de acción en todo lo que nos ordena hacer o lo que nos prohíbe hacer. La ley no nos pide que estemos de acuerdo con sus exigencias ni consulta nuestras preferencias o prioridades. Afirma que "debemos" hacer lo que ella dice, nos guste o no, y está preparada, de ser necesario, para penalizar o castigar las infracciones con el fin de hacer cumplir sus mandatos.

Podemos obedecer los requerimientos de la ley porque estamos de acuerdo con ella y la consideramos una buena ley, que todos los demás deberían obedecer también. En ese caso, no hay sensación de que se restrinja nuestra libertad, porque elegimos libremente hacer lo que la ley exige. No somos conscientes de que ella tenga algún efecto compulsivo sobre nosotros, porque la obedecemos voluntariamente. De esta forma, nosotros, como cristianos, hemos sido capacitados para vivir en la libertad de la obediencia a la ley de Dios.

Pero en otros casos, obedecemos la ley en el sentido de satisfacer sus exigencias, pero lo hacemos solo porque no queremos ser penalizados o castigados por quebrantarlas. En otras palabras, nuestra libertad está limitada o restringida por el poder coercitivo de la ley.

Cuando hacemos una promesa o un voto de hacer algo o no hacer algo, nuestra libertad de elección o acción también está restringida por esa promesa, porque nos sentimos obligados en nuestra conciencia a cumplir esa palabra. La fuerza de la conciencia es como la de una ley internalizada, pero tiene respuestas positivas y otras negativas. En esto, difiere de la ley externa, que no nos recompensa por cumplir sus mandatos, pero nos penaliza cuando no lo hacemos. Por otro lado, la conciencia nos elogia cuando hacemos lo que ella aprueba (Hechos 24:16; 1 Pedro 3:16), tenemos "buena conciencia" por ello. Pero, como la ley, la conciencia nos penaliza si desobedecemos: nos acusa (Romanos 2:15) y nos hace experimentar desagradables sentimientos de culpa y fracaso.

SATANÁS Y LA PALABRA DE DIOS

Satanás está atado, es decir que su libertad de acción y la libertad de los demonios está restringida cuando se lo confronta con La Palabra de Dios. Algunas veces, se dice que Satanás es un legalista, pero no es porque respeta la ley, sino porque teme al Legislador. Ese fue el terrible y paralizante efecto que tuvieron sobre él las palabras de Jesús:

"Escrito está" (Lucas 4:4). Santiago describe una similar reacción de los demonios: *"¿Tú crees que hay un solo Dios? ¡Magnífico! También los demonios lo creen, y tiemblan"*
— Santiago 2:19

Uno de los principales modos de atar a Satanás y a los demonios es usando La Palabra de Dios, la espada del Espíritu (Efesios 6:17).

■ *La Palabra de Dios es una entidad que contiene poder divino para cumplirse.* Por tanto, la palabra de juicio posee y libera su propio poder para producir lo que proclama.

■ *La Palabra de Dios, una vez pronunciada, tiene su propia historia, permanece viva y poderosa en generaciones subsiguientes y diferentes situaciones*:

"así es también la palabra que sale de mi boca: No volverá a mí vacía, sino que hará lo que yo deseo y cumplirá con mis propósitos"
— Isaías 55:11

■ *Los demonios saben que cada acto de desobediencia o resistencia de su parte aumenta su temor del Señor, que vigila su Palabra para cumplirla o hacer que se cumpla* (Jeremías 1:12). Cuando su temor se vuelve insoportable, ceden ante La Palabra de Dios.

"¡Cállate! –lo reprendió Jesús–. ¡Sal de ese hombre! Entonces el espíritu maligno sacudió al hombre violentamente y salió de él dando un alarido"
— Marcos 1:25-26

EL EFECTO DE LA AUTORIDAD

Debemos tener cuidado de distinguir entre poder (*dunamis*) y autoridad (*exousia*).

■ **Poder** es la fortaleza o potencia para hacer cualquier cosa que deseamos, aunque enfrentemos oposición o circunstancias adversas. En este sentido, todo el poder pertenece a Dios:

"Una vez habló Dios; Dos veces he oído esto: Que de Dios es el poder"
— Salmo 62:11, RVR 1960

■ **Autoridad** es el derecho delegado de ejercer las prerrogativas del poder o de representar al poder de aquel cuya voluntad y mandatos deben ser obedecidos por otros. La autoridad es, en relación con el poder, similar a lo que la ley es en relación con el estado, con su policía y sus fuerzas armadas. La autoridad actúa en representación del poder, pero busca y espera obtener los resultados deseados sin tener que recurrir al poder coercitivo. En última instancia, obedecemos a la autoridad porque reconocemos:

☐ que la figura de autoridad también tiene el poder de provocar la obediencia o castigar la desobediencia, o

☐ que puede convocar a la fuente de su autoridad, y que ese poder hará que se obedezca a la autoridad o castigará la desobediencia.

Por lo tanto:

☐ **La autoridad ejercita el derecho o poder de mandar.**

☐ **El poder hace cumplir los mandatos de la autoridad.**

LA AUTORIDAD DEL CREYENTE Y LOS DEMONIOS

La distinción entre poder y autoridad es importante para comprender la autoridad del creyente sobre los demonios. Algunas veces, el creyente debe **actuar en poder**, pero siempre, debe **actuar con autoridad**. La autoridad del creyente, de representar el poder de Dios en relación con Satanás y los demonios, depende de las siguientes condiciones:

- **Obediencia.** El creyente debe vivir en obediencia a la fuente de su poder, es decir, a Cristo. Como el centurión romano que impresionó a Jesús, debe ser un hombre "sujeto a órdenes superiores", es decir, "bajo autoridad".

> *Señor, no merezco que entres bajo mi techo. Pero basta con que digas una sola palabra, y mi siervo quedará sano. Porque yo mismo soy un hombre sujeto a órdenes superiores, y además tengo soldados bajo mi autoridad. Le digo a uno: "Ve", y va, y al otro: "Ven", y viene. Le digo a mi siervo: "Haz esto", y lo hace*
>
> — Mateo 8:8-9

Los hombres del centurión lo obedecían sin cuestionar porque sabían que, si desobedecían al centurión, el oficial superior de este lo apoyaría, y el superior de este apoyaría a su subordinado, y así sucesivamente, hasta llegar al César en su trono, en Roma. Todo el poder del Imperio Romano respaldaba al centurión, mientras este se mantuviera sujeto a la autoridad. Si se salía de esa obediencia, no tendría autoridad alguna.

La autoridad del creyente, entonces, depende de dos factores:

1. El poder y la autoridad que pertenecen a Cristo como Cabeza de la Iglesia.

2. Nuestra relación con Cristo, y esa relación es obediencia.

- **El conocimiento de hasta dónde llega su autoridad**, es decir, lo que puede hacer y ordenar, y qué cosas están más allá del alcance de sus derechos en este sentido. La autoridad de Cristo es absoluta, toda autoridad en el cielo y en la tierra, espiritual y temporal (Mateo 28:18). Como Cabeza de la Iglesia, Él ha delegado autoridad a su Cuerpo:

☐ Sobre la enfermedad y los demonios:

"Reunió a sus doce discípulos y les dio autoridad para expulsar a los espíritus malignos y sanar toda enfermedad y toda dolencia"
— Mateo 10:1

☐ Sobre toda la habilidad de Satanás:

"Sí, les he dado autoridad a ustedes para pisotear serpientes y escorpiones y vencer todo el poder del enemigo; nada les podrá hacer daño"
— Lucas 10:19

Una cosa es cierta: los demonios saben si estamos seguros de nuestro fundamento o no, y si estamos dentro del alcance de la autoridad que nos corresponde o la hemos excedido.

■ **Un creciente conocimiento del carácter, los caminos y los propósitos de Dios, que es el origen de su autoridad.** Lo que le dio a Jesús tal autoridad en la tierra fue su identificación total con la voluntad y los propósitos de su Padre en los cielos.

"Mi Padre aun hoy está trabajando, y yo también trabajo"
— Juan 5:17

"Ciertamente les aseguro que el hijo no puede hacer nada por su propia cuenta, sino solamente lo que ve que su padre hace, porque cualquier cosa que hace el padre, la hace también el hijo"
— Juan 5:19

"... no hago nada por mi propia cuenta, sino que hablo conforme a lo que el Padre me ha enseñado. El que me envió está conmigo; no me ha dejado solo, porque siempre hago lo que le agrada"
— Juan 8:28-29

Así como el Padre envió al Hijo al mundo para que viviera y actuara en representación de Él, para hacer su voluntad en la tierra como se hace en el cielo, así nos ha enviado Cristo a nosotros.

"Como tú me enviaste al mundo, yo los envío también al mundo"
— Juan 17:18

Nosotros debemos hacer lo que hizo Jesús: hacer la voluntad de Aquel que nos envió, es decir, hacer en la tierra las cosas que están en armonía con sus obras en el cielo. Por esta razón, La Biblia nos da tal cantidad de información sobre la forma en que vivió, pensó y actuó Jesús. Su vida se cuenta cuatro veces en los Evangelios, una tercera parte de todo el Nuevo Testamento. Necesitamos una continua, constante revelación de su carácter y sus obras, ese "ver" del que Jesús habló en Juan 5:19.

■ *Seguridad para actuar en la autoridad de Dios*. Este es el punto fundamental, porque la autoridad no es autoridad hasta que se la utiliza. Si conocemos nuestro fundamento y conocemos la clase de decisiones y respuestas que son las adecuadas, tenemos que actuar. Específicamente, necesitamos:

☐ Seguridad para actuar, o decidir o mandar.

☐ Seguridad en las decisiones que tomamos o los mandatos que damos.

☐ Seguridad de que Cristo nos respalda y, de ser necesario, hará cumplir nuestros mandatos o decisiones.

Es aquí que **cobra importancia nuestra voluntad**. Para atar la actividad de los demonios o liberar a las personas de sus ataduras, tenemos que sostener los mandatos que damos en el nombre o la autoridad de Cristo, con nuestra voluntad, en contra de la voluntad de los demonios. Y debemos soportar esa presión contra ellos hasta que su resistencia se derrumbe. La voluntad de Dios se hace cuando Dios lo desea en el cielo, y el hombre lo desea en la tierra, insistiendo activamente a toda costa: "Hágase tu voluntad en la tierra, así como en el cielo".

En otras palabras, **la fuerza de la autoridad es la presión moral**. Quien la ejerce hace que el otro se sienta incómodo y amenazado si resiste, hasta que, finalmente, cede para ser liberado de esa presión. Esa es la presión que los mandatos dados realmente en la autoridad de Jesucristo ejercen sobre los demonios.

La presión aumenta cuando quien ejerce la autoridad está **seguro de su posición y seguro del resultado final del conflicto**, y quien resiste no está seguro de sí mismo y de su capacidad para resistir exitosamente.

El general prusiano Clauswitz escribió en sus principios de guerra que es más importante destruir la moral de las tropas del enemigo que destruir sus tropas. El mismo principio se aplica a la guerra espiritual. La alabanza, la adoración, la proclamación de La Biblia y el repaso de las obras de Dios no solo fortalecen nuestra seguridad de la victoria, sino devastan la moral y la voluntad para resistir de los espíritus malignos.

LA AUTORIDAD Y EL NOMBRE DE JESÚS

La autoridad es otorgada en el Nombre de Jesús.

> *Por eso Dios lo exaltó hasta lo sumo*
>   *y le otorgó el nombre*
> *que está sobre todo nombre,*
>   *para que ante el nombre de Jesús*
> *se doble toda rodilla*
>   *en el cielo y en la tierra*
> *y debajo de la tierra,*
>   *y toda lengua confiese que Jesucristo es el Señor,*
> *para gloria de Dios Padre*
>
>   — Filipenses 2:9-11

La autoridad está en el Nombre; el poder está en el Espíritu. Cuando los discípulos fueron enviados por Jesús con autoridad sobre los demonios, al regresar, dijeron: "Señor, aún los demonios se sujetan en tu nombre". Las señales que, según la promesa, iban a acompañar a los que creen, son:

> *Estas señales acompañarán a los que crean: en mi nombre expulsarán demonios; hablarán en nuevas lenguas; tomarán en sus manos serpientes; y cuando beban algo venenoso, no les hará daño alguno; pondrán las manos sobre los enfermos, y éstos recobrarán la salud*
>
> — Marcos 16:17-18

El Nombre de Jesús resume todo lo que Él es en su victoria, su posición, su oficio como Profeta, Sacerdote y Rey, su exaltación y su eterna gloria. Toda autoridad en el cielo y en la tierra le fue dada a Él (Mateo 28:18). Cuando hablamos o actuamos en su nombre, lo representamos a Él; por tanto, debemos hacer las obras que Él hizo, en el mismo espíritu que Él las hizo, y con el mismo fin: glorificar al Padre.

Cristo tiene autoridad ilimitada, autoridad infinita, incluso. Nuestra autoridad no tiene tanto alcance, pero sí debemos usar la que Él nos dio, no para decir, sino para hacer. No es cuestión de meramente decir: "En el Nombre de Jesús"; es asegurarnos de que la voluntad de Dios se haga en la tierra como se hace en el cielo, de la siguiente forma:

☐ *entendiendo* su voluntad, tanto la general como la específica;

☐ *obedeciendo* su voluntad;

☐ *corporizando* su voluntad y

☐ *haciendo* su voluntad, es decir, deseando su voluntad.

La voluntad del creyente –descansando humilde y obedientemente en la voluntad divina, y deseando activamente esa voluntad contra los poderes de las tinieblas– es la que hace huir a los demonios. Su temor es que, si resisten demasiado tiempo, tendrán que enfrentar el poder de un Dios santo que vendrá a hacer cumplir los mandatos de sus siervos.

Trataremos el poder en relación con atar y desatar en el próximo capítulo.

CAPÍTULO 14

EL PODER DEL ESPÍRITU SANTO

Hemos visto que la autoridad descansa en el poder, y que la autoridad sin poder para respaldar sus mandatos es inútil. Por otra parte, el hecho de que la autoridad venga acompañada del acceso al poder adecuado no implica necesariamente que lo utilice. Puede producir resultados solamente por el peso moral y la influencia que ese poder da a sus mandatos.

En lo que a la autoridad del creyente concierne, incluidas la de atar y desatar, el poder que respalda y valida esa autoridad es el del Espíritu Santo. Él es quien habita en nosotros (1 Corintios 3:16) y nos ha hecho competentes como ministros del nuevo pacto (2 Corintios 3:6). Los dones de poder que deben marcar el ministerio de la Iglesia son manifestaciones de su presencia (1 Corintios 12:4-10). Sin embargo, aún debemos preguntarnos:

☐ ¿Qué quiere decir "el poder del Espíritu Santo"?

☐ ¿Qué clase de poder es?

☐ ¿Cómo obtenemos acceso a ese poder?

EL ESPÍRITU SANTO Y EL PODER

El Espíritu y el poder están unidos con infaltable regularidad a lo largo de toda La Biblia, particularmente cuando leemos los registros de los Evangelios sobre la vida de Jesús.

Él fue concebido cuando el poder del Espíritu Santo cubrió con su sombra a la virgen María (Lucas 1:35), y su ministerio público comenzó cuando el Espíritu Santo vino sobre Él después de su bautismo (Marcos 1:10). Fue enviado por el Espíritu al desierto para enfrentar al hombre fuerte, Satanás (Marcos 1:12-13) y retornó de allí victorioso en el poder del Espíritu (Lucas 4:14).

Fue la unción del Espíritu Santo la que consagró a Jesús como el Mesías, el Rey Ungido del Señor, y la que le dio poder para predicar las buenas nuevas a los pobres, libertad a los cautivos y liberación a los oprimidos (Lucas 4:18). A partir de entonces, todo lo que hizo, lo hizo como un hombre lleno del Espíritu Santo. Sanaba por el poder del Espíritu Santo (Hechos 10:38) y cuando echaba fuera demonios, lo hacía por el Espíritu de Dios (Mateo 12:28).

Después de la resurrección, a los discípulos también se les dijo que esperaran en la ciudad hasta ser *"revestidos del poder de lo alto"* (Lucas 24:49) y que recibirían ese poder cuando el Espíritu Santo viniera sobre ellos (Hechos 1:8). A lo largo de la historia de la Iglesia primitiva, se mantiene la misma ligazón entre Espíritu Santo y poder. Cuando la iglesia, reunida, oraba para que Dios extendiera su mano para sanar y realizar señales y prodigios milagrosos, el lugar donde estaban reunidos temblaba, y todos eran llenos del Espíritu Santo (Hechos 4:30-31).

A partir de allí, la predicación apostólica no fue simplemente con palabras, sino también con poder, con el Espíritu Santo (1 Tesalonicenses 1:5), y con señales y milagros que representan la demostración de su poder (Romanos 15:19; 1 Corintios 2:5).

LA NATURALEZA DEL PODER DEL ESPÍRITU SANTO

La palabra griega que se traduce como "poder" (*dunamis*) es la raíz de la palabra "dinamita", pero el poder del Espíritu Santo no debe entenderse en esos términos. No es un flujo de energía ni un campo de fuerza.

El Espíritu Santo, que es el poder del Señor, es una persona; por tanto, su poder es el poder de una presencia personal. Donde está el Espíritu Santo, está presente el poder del Señor, y donde se manifiesta el poder del Señor, es porque el Espíritu Santo está presente. Observemos los siguientes puntos importantes:

- ***La presencia de Dios no es la misma en toda ocasión o en todo lugar.*** Primero, hay una presencia estructural o general del Espíritu Santo en la creación: *"... en él vivimos, nos movemos y existimos"* (Hechos 17:28).

> *¿A dónde podría alejarme de tu Espíritu?*
> *¿A dónde podría huir de tu presencia?*
> *Si subiera al cielo,*
> *allí estás tú;*
> *si tendiera mi lecho en el fondo del abismo,*
> *también estás allí.*
> *Si me elevara sobre las alas del alba,*
> *o me estableciera en los extremos del mar,*
> *aun allí tu mano me guiaría,*
> *¡me sostendría tu mano derecha!*
> — Salmo 139:7-10

Esta presencia estructural de Dios subyace a todas las formas de manifestaciones más específicas de su presencia entre su pueblo.

- ***Segundo, el Espíritu Santo está especialmente presente en ciertos momentos, y especialmente presente en algunos lugares.*** Estas ocasiones deben ser entendidas como una mayor intensificación de su presencia. Aun en el ministerio de Jesús, estas manifestaciones de la presencia del Espíritu Santo parecen haber sido variables. Por ejemplo, el Espíritu Santo que vino sobre Él como una paloma en su bautismo también era la nube que lo cubrió en el monte de la transfiguración (Marcos 9:7). Era el poder del Señor que estaba presente en Jesús para hacer sanidades (Lucas 5:17) y que salía de Él para sanar a quienes lo tocaran (Lucas

6:19; 8:46). Estas ocasiones están destacadas, pero Jesús, que tenía el Espíritu sin medida, siempre actuaba con autoridad, fuera que la manifestación específica del Espíritu Santo fuese observable o no.

■ *Nuestra experiencia de la presencia del Espíritu Santo seguirá el modelo de la de Jesús.* El Espíritu es la unción que hemos recibido, y Él permanece (1 Juan 2:27) porque nos habita su presencia (1 Corintios 3:16). Pero experimentaremos el poder del Espíritu Santo en una medida especial algunas veces. En esas ocasiones, hay una intensificación de la presencia del Espíritu en nosotros o entre nosotros. Con otra terminología, esta es la diferencia entre ser llenos del Espíritu Santo, que debe ser una experiencia continua para nosotros (Lucas 4:1) y ser llenados de su Espíritu para un propósito particular (Hechos 4:8).

Al tratarse de una presencia personal, la naturaleza del poder del Espíritu Santo también gobierna su carácter. Por ello, Él es:

☐ *El Espíritu de gloria* (1 Pedro 4:14). La gloria es la majestad y el poder de Dios, y el poder y la gloria se funden entre sí (Efesios 3:16; Colosenses 1:11; Apocalipsis 15:8).

☐ *El Espíritu de santidad* (Romanos 1:4). La santidad es la dignidad exclusiva de Dios; solo Él es santo (1 Samuel 2:2). *"¡Su nombre es santo e imponente!"* (Salmo 111:9).

☐ *El Espíritu de amor* (Romanos 5:5) que nos une a sí mismo para que nada nos separe del amor de Cristo (Romanos 8:38-39) e intercede por nosotros *"con gemidos que no pueden expresarse con palabras"* (Romanos 8:26).

☐ *El Espíritu de gracia* (Hebreos 10:29) expresado en perdón, bondad, aceptación y magnanimidad para quienes no lo merecen.

☐ *El Espíritu de vida* (Romanos 8:2): creador, redentor, que vence a la muerte.

Todas estas, y muchas otras manifestaciones del poder del Espíritu Santo, constituyen el esplendor moral y espiritual de la presencia de Dios que vencerá a Satanás y a todas sus huestes (2 Tesalonicenses 2:8), porque el mal no puede permanecer en su santa presencia. En la persona de Jesús, es lo que hizo que los demonios clamaran, llenos de temor: *"¿Por qué te entrometes, Hijo de Dios? ¿Has venido aquí a atormentarnos antes del tiempo señalado?"* (Mateo 8:29).

¿CÓMO TENEMOS ACCESO AL PODER DEL ESPÍRITU SANTO?

Dado que el poder del Espíritu Santo es el poder de una presencia personal, debemos concentrarnos en esas especiales intensificaciones de su presencia que parecen producirse en momentos y ocasiones particulares. En cuanto a ellas, podemos hacer algunas observaciones:

■ *La acción del hombre puede influir en la intensificación de la presencia del Espíritu Santo.*

☐ Influyen negativamente el pecado y la rebelión del hombre (Salmo 51:11; Isaías 63:10; Jeremías 23:39). Dios ha desistido del uso del poder coercitivo para proteger la integridad de la relación que Él desea tener con los seres humanos.

☐ Influyen positivamente la receptividad y la necesidad humana (Isaías 61:1ss; Hechos 10:44), y la disposición de la situación.

■ *Podemos experimentar tales intensificaciones de la presencia del Espíritu Santo, pero no producirlas.* No obstante, podemos y debemos pedirlas y buscarlas (Éxodo 33:15; Hechos 4:29-31).

■ *Las intensificaciones de la presencia divina parecen tener las siguientes características:*

- [ ] Son temporarias.

- [ ] Son iniciadas por Dios, por lo cual, hay una cierta soberanía en ellas (Joel 2:28).

- [ ] Son efectivas (Romanos 15:18-19).

No obstante, la posibilidad de rechazo o incredulidad siempre existe; no obligan a la fe (Mateo 12:38-39).

ESTEMOS ABIERTOS A LA PRESENCIA DEL ESPÍRITU SANTO

Aunque la intensificación especial de la presencia del Espíritu Santo es una decisión soberana, es su deseo que esto suceda. La apertura y la receptividad que pueden permitirle estar presente entre nosotros se desarrollan de las siguientes formas:

- ■ *Por medio del bautismo del Espíritu Santo.* El resultado prometido del bautismo en el Espíritu Santo es poder, que significa presencia (Hechos 1:8; 2:1-4, etc.). El Espíritu Santo es el Ángel o Mensajero de la presencia de Dios (Isaías 63:11).

- ■ *Por medio de la operación de los dones del Espíritu Santo* (1 Corintios 12:7-10). Los dones son descritos como manifestaciones del Espíritu, es decir, comunicaciones personales de Él, capacidades o capacitaciones especiales que comunica con su presencia intensificada en nosotros.

- ■ *Por medio de la oración y la intercesión.* En la vida de Jesús, la oración era la clave de su experiencia de la presencia y el poder del Espíritu Santo (cp. Lucas 6:12 con Lucas 6:19). La intercesión de la Iglesia, en Hechos 4:23-31, fue respondida con una extraordinaria experiencia de la presencia del Espíritu.

- **Por medio de la alabanza y la adoración.** Como la intercesión, la adoración abre nuestra vida a la presencia divina. Él habita en las alabanzas de Israel (Salmo 22:3).

- **Por medio de una actitud de expectativa.** La receptividad a la presencia del Espíritu Santo debe ser cultivada como una actitud continua del corazón. Dios responde a nuestras expectativas, y ninguna mejor que la de que el Espíritu Santo que mora en nuestro cuerpo como templo suyo. El Espíritu Santo es nada menos que Dios localizado en nosotros, buscando nuestra comunión y compañerismo. Observe la importancia de orar en el Espíritu (1 Corintios 14:2, 14-15; Judas 20).

LA IMPORTANCIA DEL ESPÍRITU SANTO PARA ATAR Y DESATAR

Todo lo que hemos hablado en este estudio surge de la intención de Dios, de compartir su poder con los seres humanos, de manera que puedan cooperar con Él para lograr sus metas para la creación. Pero, a causa de la Caída, el hombre sigue la tendencia a hacer un mal uso del poder que se le da, y con la existencia de Satanás y los espíritus malignos, hay un choque de poderes en el universo.

No obstante, por la integridad de la relación que desea tener con el hombre, Dios ha dejado de lado el uso del poder coercitivo; su poder está con el hombre y es para el hombre, más que un control sobre el hombre. Su intención no ha cambiado: que el hombre redimido haga la voluntad de Dios en la tierra como se hace en el cielo. Su presencia y su poder permitirán que esto se logre obrando con el hombre y a través de él.

La presencia intensificada del Espíritu Santo es de vital importancia para el ejercicio de nuestra autoridad para atar y desatar, de las siguientes formas:

- **Para darnos revelación en cuanto al alcance de nuestra autoridad y lo que se nos ha dado.** *"Nosotros no hemos recibido el espíritu del* *mundo sino el Espíritu que procede de Dios, para que entendamos lo que por su gracia él nos ha concedido"* (1 Corintios 2:12).

- **Para darnos revelación sobre el carácter, los caminos y los propósitos de Dios.** *"En efecto, ¿quién conoce los pensamientos del ser humano sino su propio espíritu que está en él? Así mismo, nadie conoce los pensamientos de Dios sino el Espíritu de Dios"* (1 Corintios 2:11).

- **Para darnos discernimiento y conocimiento sobre la naturaleza del hombre fuerte o las fortalezas demoníacas que enfrentamos.** Esto puede venir por medio del don espiritual de la palabra de ciencia, la palabra de sabiduría o el discernimiento de espíritus.

- **Para guiarnos en el uso de La Biblia,** la *"espada del Espíritu"* contra los demonios (Efesios 6:17); particularmente, la palabra *rhema*, la palabra específica que el Espíritu nos da.

- **Para que el don de hacer milagros efectúe la liberación y el don de sanidad,** de ser necesario, cuando la palabra de autoridad no logra un resultado decisivo, para atar cualquier daño que la persona haya sufrido.

- **Para que nosotros mismos seamos fortalecidos continuamente en nuestro hombre interior** (Efesios 3:16), de manera que la batalla no nos afecte.

SECCIÓN 3

GUERRA ESPIRITUAL DEFENSIVA

INTRODUCCIÓN

El tema de la guerra espiritual defensiva es uno de los más emocionantes, pero también cruciales, para la Iglesia en la actualidad. Hay muchos cristianos e iglesias que pasan momentos muy difíciles en esta época. Captaron la idea de la guerra espiritual, entraron galopando en la batalla y se vieron repentinamente aplastados, sin saber por qué. Creo que el motivo es que no han aprendido a defenderse en la guerra. Es algo que no comprenden.

El salmista dice que Dios es quien *"adiestra mis manos para la guerra, mis dedos para la batalla"* (Salmo 144:1). Dios nos entrena para la batalla. Si nos metemos en la guerra espiritual sin tener entrenamiento sobre sus principios y las cosas que enfrentaremos, nos aplastarán si no tenemos cuidado.

Así que esta sección trata el tema de cómo la guerra espiritual influye en nuestra vida personal y colectiva, y qué implica defenderla.

CAPÍTULO 15

CÓMO RECONOCER UN ATAQUE ESPIRITUAL

Quisiera comenzar por señalar que, en los problemas y las dificultades que atravesamos a veces como cristianos, debemos distinguir claramente lo que es un ataque espiritual de:

- *Las consecuencias inevitables que siguen a nuestra desobediencia o nuestra violación de los principios bíblicos.* Tenemos que tener cuidado de no ver demonios en todas partes cada vez que nos encontramos con una dificultad en nuestra vida; de lo contrario, siempre andaremos diciendo que estamos siendo atacados y sufriendo terriblemente. Es posible que así sea... o no, porque, si hemos de ser sinceros, una de las razones por las que solemos tener problemas como cristianos es que violamos los principios de Dios o restamos importancia a la instrucción de su Palabra. Si usted no se comporta correctamente, entonces, su vida cristiana caerá a pique, y no será precisamente guerra espiritual.

De hecho, el diablo no necesita preocuparse por nosotros cuando eso sucede. Creo que una de las cosas que hace es tentar a los cristianos, de manera que cuando caemos, cuando desobedecemos a Dios descuidando sus principios, Satanás puede, simplemente, alejarse y dejarnos solos para cargar las consecuencias de nuestros malos actos. Eso no es guerra espiritual.

- ***Las circunstancias que el Espíritu Santo permite como ejercicios para desarrollar nuestro carácter o hacernos crecer en la fe.*** Ciertas circunstancias difíciles que atravesamos son, en realidad, ejercicios de entrenamiento. Dios desea desarrollar nuestro carácter por medio de ellas. Su fin es producir una materia firme y resistente en nuestra vida cristiana. Quiero animarlo, especialmente si usted se reconoce como cristiano carismático, a que dedique un tiempo a leer la segunda carta de Pablo a la iglesia de Corinto. Cuando lo haga, le sorprenderá ver que Pablo dice cosas como: "Estuve deprimido..., tuve miedo..., tuve temor..., tan difíciles eran mis circunstancias que pensé que iba a morir". Es Pablo, el gran y poderoso apóstol, el que habla así. Me maravilla cuán francamente habla de las presiones que atraviesa como creyente.

Cuando sufrimos estas dificultades, debemos comprender que el propósito de Dios es que ellas sirvan como ejercicios de entrenamiento para nosotros. Yo solía predicar un mensaje llamado "El evangelio del sufrimiento", pero en la actualidad, la gente no quiere escuchar hablar de sufrimiento, así que le cambié el título por "Aprenda a manejar su estrés con La Biblia". El tema es el mismo.

La iglesia a la que Pablo escribió con tanta franqueza no es la magistral iglesia de Roma, ni su iglesia favorita, Filipos, ni la maravillosa iglesia de la revelación, Éfeso; era la iglesia de Corinto. ¡Ese montón de locos carismáticos que tanto trabajo le costaba controlar a Pablo! Esta fue la iglesia a la que él le abrió su corazón para hablar de sus problemas. Él sabía que eso no era guerra espiritual.

RESUMEN

Debemos distinguir lo que es realmente un ataque espiritual de:

☐ Las consecuencias inevitables que siguen a nuestra desobediencia o a nuestra violación de los principios bíblicos.

☐ Las circunstancias que el Espíritu Santo permite como ejercicios para desarrollar nuestro carácter o hacernos crecer en la fe.

CAPÍTULO 16

POR QUÉ LOS CRISTIANOS SUFREN ATAQUES ESPIRITUALES

Estas son las circunstancias en que es posible que suframos un ataque o una guerra espiritual. Es importante que comprendamos por qué.

1. CUANDO SOMOS UNA AMENAZA PARA LAS POSICIONES DEL ENEMIGO O SUS POSESIONES

Si el enemigo piensa que amenazamos sus posiciones o sus posesiones con nuestra vida, nuestra fe o nuestro comportamiento individual o colectivo, nos atacará. Él ha aprendido que la mejor defensa es un buen ataque, así que va a reaccionar. Creo que quienes trabajan en el mundo de los negocios me entenderán bien. Quiero que comprendan lo que sucede.

Una empresa, o una sociedad, o una ciudad –o, pongamos por caso, una iglesia– tiene una vida interior que es, en realidad, espíritu. Somos seres espirituales, y cuando creamos una organización colectivamente, se forma un espíritu colectivo. Esa entidad cobra vida. Maneja a las personas, usa a las personas, moldea a las personas, controla a las personas y domina a las personas. Recuerdo cierta vez que hablé en un seminario de negocios en Oxford (Inglaterra), y un hombre se me acercó al terminar y me dijo: "Soy gerente de una petrolera, y lo que usted dice es absolutamente cierto. Suelo estar en reuniones con personas de diferentes petroleras. Cinco minutos después de entrar en la sala de reuniones, sin que nadie me diga a qué compañía representa, yo ya sé de dónde vienen. Hablan diferente, tienen actitudes diferentes, se comportan de manera diferente. La vida de su compañía les deja una marca distintiva". Si trabajamos en una empresa, en el gobierno o cualquier otra entidad, lo sabemos bien.

Este "espíritu colectivo" no solo está vivo, está caído. No solo está caído, sino es idólatra, y tiene dos motivaciones principales:

■ **Es capaz de hacer cualquier cosa por sobrevivir.** Muchos años atrás, en Nueva Zelanda, recuerdo que vi una entrevista televisiva con el entonces Primer Ministro de ese país. El periodista le preguntó: "Señor Primer Ministro, ¿cuál es el primer principio del gobierno?". Uno pensaría que él iba a decir que el primer principio del gobierno es gobernar o que es la justicia, pero no fue eso lo que dijo. En cambio, contestó: "El primer principio del gobierno es mantenerse en el poder". Él estaba dispuesto a hacer cualquier cosa por sobrevivir. Una iglesia hace cualquier cosa por sobrevivir. Una empresa hace cualquier cosa por sobrevivir.

■ **La segunda motivación es la idolatría.** En Isaías 47:8, la ciudad de Babilonia dice: *"Yo soy, y no hay otra fuera de mí. Nunca enviudaré ni me quedaré sin hijos"*. En contraste, en Isaías 45:18, Dios dice: *"Yo soy el Señor, y no hay ningún otro"*.

La empresa tiene esta tendencia idólatra, por la que quiere dominar a las personas y ser la autoridad máxima en sus vidas.

Recuerdo a un hombre que estaba en ese mismo seminario y me contó: "La semana pasada, en un día laboral, yo estaba en la iglesia, y mi jefe llamó a casa. Mi esposa le dijo: 'Bill no está en casa, está en una reunión de la iglesia', y escuchó al otro lado de la línea, una voz airada que decía: '¿Qué diablos está haciendo en una reunión de la iglesia? Quiero que esté en su casa trabajando en sus papeles. Mañana tiene que salir de viaje'".

¿Qué demuestra esto? Muestra un impulso idólatra en el espíritu empresarial que desea gobernar. Cuando un cristiano vive en una empresa como esta, ella trata de moldear la vida del creyente, de establecer sus parámetros de valores y éticos. Demuestra que ese es el espíritu que el empleado debe obedecer. A veces, esos parámetros no son cristianos, y en ocasiones, son anticristianos, en lo que a usted y a mí nos concierne. Somos muy conscientes de ese impacto.

Debemos comprender los poderes demoníacos, cuyo fin es manejar y controlar la empresa y lo que sucede allí todo el tiempo. Algunas decisiones que se toman en las juntas son totalmente amorales para un cristiano. ¿Qué motiva a esas personas? No son, necesariamente, malas personas. Están dominadas por poderes demoníacos, y esos mismos poderes, muy probablemente, también traten de influir sobre los cristianos.

¿Cuál es nuestra protección? El Espíritu Santo habita en el creyente, y su presencia en nuestra vida puede mantenernos libres de esa dominación por parte de un poder empresarial. Podemos vivir con la empresa, como Daniel, trabajar legítimamente para ella –porque puede tener fines legítimos– y hacerlo sin doblar la rodilla, sin permitir que nos imponga sus pautas morales. Pero, si hemos de ser realistas, debemos admitir que, si lo hacemos, habrá antagonismo de parte de la empresa y antagonismo de parte de los demonios. En este aspecto, somos posible blanco de ataques espirituales.

No tengo dudas de que muchos de los que leen estas palabras han sentido una fuerza extraña, una influencia no cristiana, en su lugar de trabajo. Lo más posible es que se trate de fuerzas demoníacas. Usted es una amenaza para su posición a causa de la presencia del Espíritu Santo en usted.

2. CUANDO SATANÁS BUSCA NUESTROS PUNTOS DÉBILES

Puede sucedernos porque el diablo constantemente está buscando nuestros puntos débiles. Él cree que cada uno de nosotros tiene cierta "vulnerabilidad en el campo de batalla" y quiere descubrir cuál es. Es capaz de hacer cualquier cosa para descubrirla.

El diablo cree que cada uno de nosotros tiene su precio. Todos tenemos un punto de quiebre. Eso es lo que él busca. Esta es la causa de gran parte de las presiones que enfrentamos a veces.

3. CUANDO SATANÁS TRATA DE NEUTRALIZARNOS Y DESTRUIRNOS

Lo más grave: si el diablo nos neutraliza, puede destruirnos. Este es su objetivo final. Es vitalmente importante que nos demos cuenta de que la guerra en la que participamos es real. No es una ficción. No es un juego. El enemigo quiere aislarnos y destruirnos, así que trata de aislarnos de Dios, aislarnos unos de otros, aislarnos de nuestros amigos, de nuestras iglesias. Cuando lo logra, y nos quedamos solos, él trata de destruirnos.

Es importante que comprendamos que la mayoría de los ataques se producen a través de las personas. Las personas dicen cosas y hacen cosas. Las personas actúan. Las personas se amargan. Pero recuerde que las personas no son el enemigo. Lo importante que debemos hacer cuando esto nos sucede es discernir el verdadero origen del ataque, lo que es realmente, para poder contrarrestarlo. Si nos limitamos a reaccionar contra las personas, ya hemos perdido la batalla.

Seguramente, usted recuerda esa ocasión en que Jesús estaba hablando con los discípulos y les preguntó: *"Y ustedes, ¿quién dicen que soy yo?"*, y Pedro le contestó: *"Tú eres el Cristo, el Hijo del Dios viviente"* (Mateo 16:15-16). Parece que Jesús se entusiasmó tanto con esta respuesta que comenzó a contarle a Pedro que iba a ir a Jerusalén, que iba a ser crucificado, sepultado y resucitado de los muertos. ¿Qué sucedió entonces? ¡Pedro se dejó llevar! "¡Que nunca te suceda eso!", exclamó. "¡Líbrate de eso, Señor, es basura!". El espíritu de Jesús estaba bajo presión. Un ataque se le venía encima. De alguna forma, el enemigo estaba tratando de aislarlo de la voluntad de su Padre y de su propósito para su vida. Jesús discernió esto y firmemente reprendió a Pedro: *"¡Aléjate de mí, Satanás!"*, le dijo (Mateo 16:23). Pero no estaba atacando al apóstol. Las palabras salieron de la boca de Pedro, pero su origen era el diablo.

Tenemos que darnos cuenta, y recordar siempre, que aunque las personas pueden ser los vehículos del ataque, nunca son el enemigo. Repito: las personas nunca son el enemigo. Por eso, algunas veces, vemos que el diablo puede usar a los cristianos para atacar a otros creyentes.

RESUMEN

Somos llamados a vivir en las estructuras de poder y a servir sus intereses legítimos, pero, bajo el señorío de Cristo, debemos negarnos a:

☐ Ceder ante el espíritu idólatra de los poderes.

☐ Adoptar para nosotros las pautas morales o el sistema de valores de los poderes.

☐ Permitir que los poderes sean la máxima autoridad en nuestra vida.

Si somos realistas, debemos reconocer que, de vez en cuando, seremos atacados por poderes demoníacos. El ataque espiritual es la forma en que el enemigo trata de disuadirnos, individual o colectivamente, de batallar contra él y golpear sus blancos. Él sabe que la mejor defensa es un buen ataque.

☐ Él cree que todos tenemos nuestro precio y nuestras áreas vulnerables.

☐ Satanás busca nuestros puntos débiles.

☐ Los ataques nos demuestran qué debilidades son pecados, y requieren que nos arrepintamos y los enmendemos.

¿QUÉ PUNTOS VULNERABLES REQUIEREN ESTRATEGIAS DE PROTECCIÓN?

Somos vulnerables cuando estamos solos o en relaciones en las que no podemos confiar. Satanás trata de:

- ☐ Aislarnos de Dios y de otros creyentes.

- ☐ Desarmar nuestras defensas.

El ataque, generalmente, se produce a través de las personas, pero recuerde: **las personas nunca son el enemigo**. Se necesita verdadero discernimiento para descubrir la verdadera naturaleza y el verdadero origen del ataque (Mateo 16:21-23).

CAPÍTULO 17

ORÍGENES Y NATURALEZA DE LOS ATAQUES DEMONÍACOS

En este capítulo, quisiera presentar algunas situaciones en que puede producirse esta clase de ataque espiritual. A continuación, le ofrezco una lista de circunstancias que usted puede atravesar en su vida personal, familiar o de iglesia, que pueden ser ataques espirituales de poderes demoníacos.

No todos los ejemplos son, necesariamente, prueba de un ataque demoníaco, pero debemos tener en cuenta que es posible que lo sean.

I. ATAQUES FÍSICOS

☐ Enfermedades o problemas físicos que no tienen explicación médica o no se solucionan con un tratamiento médico.

☐ Ataques relativos a los apetitos: desórdenes alimentarios, alergia a ciertos alimentos, anorexia, alcoholismo o hábitos de bebida.

☐ Apetitos sexuales, lujuria, perversiones sexuales, desórdenes sexuales.

☐ Debilidades y desórdenes nerviosos, adicción a las drogas.

2. ATAQUES A LA MENTE

☐ Pensamientos obsesivos o compulsivos.

☐ Lengua ingobernable dada a la crítica, la calumnia y las ofensas.

☐ Pensamientos confusos, extrema verborragia o incapacidad para comunicarse, olvidos enfermizos, fantasías, perplejidad, imaginación excesiva.

☐ Malos sueños, pesadillas, insomnio.

☐ Indecisión, indeterminación, excesiva dilación, pasividad.

3. ATAQUES EMOCIONALES

☐ Temores, preocupaciones, ansiedad, terror.

☐ Depresión, morosidad, negatividad.

☐ Desaliento, desesperanza, desesperación.

☐ Dudas sobre sí mismo, condenación, sensación de fracaso.

☐ Ira, agresividad, hostilidad, estar a la defensiva.

4. MANIFESTACIONES DE OCULTISMO

☐ Apariciones, visiones.

☐ Posesión demoníaca.

- [ ] Experiencias o manifestaciones con médiums o parapsicólogos.

- [ ] Tendencias autodestructivas o suicidas.

- [ ] Efectos de maldiciones.

5. ATAQUES BASADOS EN PECADOS PERSONALES

- [ ] Amargura, resentimiento, falta de perdón.

- [ ] Rebelión contra la autoridad.

- [ ] Orgullo y egoísmo.

- [ ] Pecados y autoindulgencias secretos o no confesados.

6. ATAQUES BASADOS EN PECADOS GENERACIONALES O ANCESTRALES

7. ATAQUES RELACIONADOS CON ABUSOS

- [ ] Dominación, intimidación, control.

- [ ] Abuso sexual, emocional o verbal.

- [ ] Abuso espiritual, psicológico o de otra clase.

8. ATAQUES SOBRE EL MATRIMONIO Y LA FAMILIA

- [ ] Conflictos, peleas, rupturas en la comunicación.

- [ ] Problemas sexuales.

- [ ] Problemas de comportamiento entre padres e hijos.

- [ ] Relaciones o tentaciones al adulterio.

9. ATAQUES A LA VIDA DE IGLESIA Y LOS NEGOCIOS

- [ ] División y desunión.

- [ ] Conflictos en las relaciones, deslealtad, traición.

- [ ] Ataques personales al carácter, la capacidad, la posición o los derechos.

- [ ] Creación de rumores, chismes, ataques al carácter.

- [ ] Injusticias, trato injusto, persecución.

- [ ] Presiones económicas y comerciales, competencia y oposición injusta.

- [ ] Presiones, estrés, agotamiento.

10. ATAQUES A LA VIDA ESPIRITUAL

- [ ] Dudas graves e irracionales, desaliento, falsa visión de la realidad.

- [ ] Resistencia a la oración, la lectura bíblica y la adoración.

- [ ] Engaño, desequilibrio, falsas manifestaciones, revelaciones por medio del ocultismo.

No digo que todas estas cosas que he mencionado siempre tengan origen demoníaco, pero debemos estar alertas y comprobar el origen del ataque si sufrimos algunas de ellas. Es obvio, con solo mirar la lista, hasta qué punto los poderes demoníacos pueden interferir en nuestra vida y atacarnos.

CAPÍTULO 18

PRINCIPIOS DE LA GUERRA ESPIRITUAL DEFENSIVA

Ahora, quisiera presentarle algunos principios de la guerra espiritual defensiva para que reflexione sobre ellos y los estudie. Todo énfasis que hagamos sobre la importancia de la defensa será poco, porque la falta de una defensa segura nos deja vulnerables a los ataques sorpresivos. Esto nos sucede con demasiada frecuencia a los cristianos.

El diablo suele tratar de derribar nuestras defensas y abrumarnos. Si nuestra posición no es segura, esto sucederá fácilmente, y nos pasará por encima antes que nos demos cuenta de lo que nos ha sucedido.

OCUPE LA TIERRA ALTA

El que habita al abrigo del Altísimo
se acoge a la sombra del Todopoderoso.
*Yo le digo al S*EÑOR*: «Tú eres mi refugio,*
mi fortaleza, el Dios en quien confío.»

Sólo él puede librarte de las trampas del cazador
y de mortíferas plagas,
pues te cubrirá con sus plumas
y bajo sus alas hallarás refugio.
¡Su verdad será tu escudo y tu baluarte!
No temerás el terror de la noche,

ni la flecha que vuela de día,
ni la peste que acecha en las sombras
ni la plaga que destruye a mediodía.
Podrán caer mil a tu izquierda,
y diez mil a tu derecha,
pero a ti no te afectará.
No tendrás más que abrir bien los ojos,
para ver a los impíos recibir su merecido.

*Ya que has puesto al S*EÑOR *por tu refugio,*
al Altísimo por tu protección,
ningún mal habrá de sobrevenirte,
ninguna calamidad llegará a tu hogar.
Porque él ordenará que sus ángeles
te cuiden en todos tus caminos.
Con sus propias manos te levantarán
para que no tropieces con piedra alguna.
Aplastarás al león y a la víbora;
¡hollarás fieras y serpientes!

«Yo lo libraré, porque él se acoge a mí;
lo protegeré, porque reconoce mi nombre.
Él me invocará, y yo le responderé;
estaré con él en momentos de angustia;
lo libraré y lo llenaré de honores.
Lo colmaré con muchos años de vida
y le haré gozar de mi salvación.»

— Salmo 91

Es un salmo maravilloso. ¡David lo dice mucho mejor que yo!

El primer principio de la guerra espiritual defensiva es ir a la tierra alta. Allí es donde estamos seguros y donde podemos ver lo que sucede. Los campos de batalla son lugares muy confusos donde hay mucho ruido, mucho humo, donde pasan muchas cosas... y nadie sabe qué está pasando. Por tanto, el diablo trata de hacernos entrar en su territorio, donde esto puede afectarnos. El primer principio, el principal, es que toda nuestra guerra espiritual defensiva debe tener lugar en tierra alta, para que podamos ver qué es lo que sucede desde el principio. Allí tendremos acceso a recursos que nos mantendrán a salvo, y donde nuestra posición está protegida.

¿Qué es una tierra alta? Espiritualmente, tenemos tierras altas, pero en la ciudad secular, ¿quién tiene la tierra alta? Si usted mira a su alrededor y estudia el horizonte de la ciudad, verá quién la tiene. ¿Alguna vez se preguntó por qué los bancos, las compañías de seguros y las empresas multinacionales construyen esos rascacielos deslumbrantes? ¿Entiende que son una declaración espiritual? La Biblia está llena de referencias a los "lugares altos". Si vamos a un país pagano y miramos las colinas, veremos que los templos son construidos allí, en las tierras altas; son una declaración. En una ciudad, las torres de edificios son una declaración. Son una forma de decir: "Aquí, nosotros tenemos el poder, aquí tenemos los recursos, aquí tomamos las decisiones, aquí, tú debes inclinarte ante nosotros". Su objetivo es anonadarnos con su poder y lograr que inclinemos la rodilla ante ellos.

Hace poco, estuve en Melbourne, Australia, donde están construyendo una torre de muchos pisos al final de la calle principal de esa ciudad. Es la oficina central de una de las mayores destilerías de cerveza del estado de Victoria. Cuando esté terminada, será difícil que cualquiera que camine por la calle principal no se vea enfrentado a esta torre que habla de su destilería. Hay una declaración espiritual allí. En el mundo, el diablo es el que ocupa las tierras altas, así que debemos saber cuál es nuestra tierra alta.

I. NUESTRA TIERRA ALTA ES NUESTRA POSICIÓN REVELADA EN JESUCRISTO

Le recomiendo que lea los salmos de David. Él era un hombre de guerra y conocía la lucha. Siempre habla de "el Señor, mi roca, mi refugio, mi torre fuerte, mi fortaleza, mi escudo, mi estandarte". David sabía dónde estaba su tierra alta.

¡Cuánto te amo, Señor, fuerza mía!
El Señor es mi roca, mi amparo, mi libertador;
es mi Dios, el peñasco en que me refugio.
Es mi escudo, el poder que me salva,
¡mi más alto escondite!
Invoco al Señor, que es digno de alabanza,
y quedo a salvo de mis enemigos

— Salmo 18:1-3

Los salmos de David están llenos de palabras como estas. Pero, al leerlos, uno pensaría que él siempre estaba huyendo de sus enemigos. No es así. Lea la historia y verá que David siempre estaba persiguiendo a sus enemigos. Él sabía dónde estaba su fortaleza, su lugar seguro, su seguridad. Sabía que el primer principio de la guerra espiritual es mantener seguras las defensas. Lo primero que debemos saber sobre la batalla es cómo defendernos, antes de aprender a atacar al enemigo. Debemos entrenarnos para la batalla.

Es él quien me arma de valor
y endereza mi camino;
da a mis pies la ligereza del venado,
y me mantiene firme en las alturas;
adiestra mis manos para la batalla,
y mis brazos para tensar arcos de bronce

— Salmo 18:32-34

Dios sabe que estamos en guerra, por eso, quiere entrenarnos para ella. El primer principio del entrenamiento es asegurar las defensas, y esto se hace, principalmente, sabiendo cuál es nuestra tierra alta y nuestra posición en Cristo. **Yo estoy sentado en los lugares celestiales con Dios en Cristo.** Esa es la seguridad y la tierra alta del cristiano.

2. NUESTRA TIERRA ALTA ES LA VICTORIA DE LA MUERTE DE JESÚS EN LA CRUZ

Esto es lo que La Biblia quiere decir cuando habla de la sangre de Cristo. La sangre de Cristo es una forma abreviada de resumir todo el poder, el poder extraordinario, de la cruz a nuestro favor. Esa es nuestra tierra alta. Yo estoy sentado con Cristo en los lugares celestiales; ¡estoy allí! Estoy cubierto por la sangre de Cristo. Ante la cruz, Jesús dijo: *"... viene el príncipe de este mundo. Él no tiene ningún dominio sobre mí"* (Juan 14:30). No tiene dónde aferrarse, ningún lugar, ningún terreno: **nada**.

Cuando invoco la sangre de Cristo, lo que sucede es que lo que se aplicó a Cristo se aplica a mí. El diablo no tiene lugar ni terreno donde afirmarse en mí; esa es mi tierra alta y mi refugio, mi fortaleza. No es por nuestras propias fuerzas, ni por nuestra capacidad, ni por nuestro conocimiento ni por nuestra propia fe, siquiera. Nuestra tierra alta es la sangre de Cristo.

3. NUESTRA TIERRA ALTA SON LAS RELACIONES DE PACTO DENTRO DEL CUERPO DE CRISTO

Usted y yo somos parte del Cuerpo de Cristo. Quiero explicarle cómo funciona esto. Imagine que está en la iglesia, con muchos otros creyentes, todos tomados de la mano. Ahora bien, si alguien entra en el templo y trata de atrapar a un solo creyente, está en problemas. Cuando trate de arrastrar a una persona, deberá enfrentarse con la fuerza de todo el Cuerpo, porque todos están unidos (tomados de la mano) unos con otros. ¡Pequeño problema! Esta simple ilustración muestra que estamos unidos en el Cuerpo de Cristo en una relación de pacto, no solo en nuestra ciudad o nuestro pueblo, sino en todo el mundo. Millones y millones de cristianos participan de esta relación.

En el pasado, y en las eras por venir, hay una "gran nube de testigos". Usted y yo formamos parte de ese Cuerpo. Ese es nuestro lugar alto; nuestro lugar seguro.

No solo necesitamos saber cuál es el lugar seguro, sino también cómo llegar a él. ¿Sabe cómo entrar en ese lugar seguro en su interior? Usted debe proclamar: "Estoy sentado en los lugares celestiales con Cristo Jesús. Mi vida está escondida con Cristo en Dios. Estoy cubierto por la sangre de la cruz. El diablo no tiene poder sobre mí. Soy parte del Cuerpo de Cristo, y Cristo es mi Cabeza".

También tiene que saber cómo volver a ese lugar alto. Necesita saberlo antes de tener que hacerlo. Esto debe ser parte de su entrenamiento diario, porque cuando necesite hacerlo, quizá no tenga demasiado tiempo. Un día, usted se levanta sintiéndose bien, gozándose en Dios y listo para enfrentar un nuevo día... y un rato después, "el cielo le cae encima". Es demasiado tarde entonces para pensar: "Yo tengo un lugar alto en alguna parte. ¿Dónde estaba? Sé que Tom Marshall me dijo lo que era...".

Necesitamos saberlo de antemano para estar preparados para el ataque. Debemos practicar que "Dios adiestra nuestras manos para la batalla". Debemos entrenarnos para defendernos. En toda ocasión, sea cual fuere la presión, la prueba y todo lo que nos sucede, tenemos que saber dónde está nuestra tierra alta y cómo llegar a ella. Creo que esto debería ser parte del ejercicio diario de los creyentes en esta época.

Todo oficial de mando pasa muchísimo tiempo entrenando a sus tropas antes de enviarlas a las trincheras. Sabemos que hay una guerra, pero no basta con decir, como dicen muchos cristianos: "¡Vamos a atacar al enemigo por allá!". Muchas veces, los cristianos somos un puñado de tropas sin entrenamiento, lanzadas al campo de batalla en total desorden... y luego nos preguntamos por qué tenemos problemas.

Cuando ocupamos la tierra alta, podemos ver qué está pasando. Llegamos a estar por encima del humo de la batalla, por sobre el ruido y la confusión. Una de las cosas que diferencia un "ejercicio de entrenamiento" de parte del Espíritu Santo, de un ataque espiritual, es clara y obvia. Si prestamos atención, oiremos que Dios dice: "Enfrenta esto, pasa por esto, y será bueno para ti". La marca distintiva de un ataque espiritual suele ser el caos y la confusión, y uno no entiende qué pasa. Nos atacan por detrás; es confuso. Esa suele ser la marca de una batalla espiritual. ¿Cómo manejarlo? Suba al lugar alto. Desde allí, podrá ver lo que sucede mucho más claramente. Podrá discernir la mano del diablo, la dirección del ataque, y hallar ese lugar de seguridad, el lugar donde se encuentran sus recursos. Desde ese lugar, podrá decir al diablo: "Bien, si quieres hallarme, estoy escondido con Cristo en Dios. Aquí arriba. Estoy cubierto con la sangre de Cristo. Si me atacas, en realidad, atacarás a todo el Cuerpo de Cristo, porque yo soy parte de ese Cuerpo". Debemos aprender a hacerlo.

REGLAS FUNDAMENTALES

- ***Cada vez que su paciencia esté bajo presión, vuelva al Cuerpo de Cristo, a su lugar alto.*** Cada vez que esté bajo presión, vuelva a su lugar alto. Aprenda a hacerlo, aprenda a llegar allí, aprenda a estar allí. Es una regla fundamental.

- ***Construya un sistema defensivo eficaz y aprenda a defenderse.*** ¿Qué significa esto?

☐ Desarrolle una actitud de confianza. Termine con el miedo. Necesitará un sistema de defensa libre de miedo. El miedo ataca nuestra moral. Nos confunde. Nos hace reaccionar de manera errónea. ¿De dónde vendrá esa confianza? De ver las cosas como realmente son.

¿Recuerda cuando Eliseo estaba en Dotán, y los ejércitos de los asirios rodeaban las colinas alrededor de la ciudad? El siervo de Eliseo estaba aterrado. ¿Qué hizo Eliseo? Pidió a Dios que le abriera los ojos. Creo que tuvo un toque de humor, porque él veía cosas que el joven no podía ver. Entonces, el Señor abrió los ojos del siervo, y este vio: *"Los que están con nosotros son más que ellos"* (2 Reyes 6:16).

Cuando vemos la realidad, cuando vemos que Dios está de nuestro lado y a nuestro favor, ¿quién puede contra nosotros?

¿Sabe lo que significa que usted sea lleno del Espíritu Santo? El Espíritu Santo es Dios localizado en su cuerpo. Es una idea maravillosa. El Espíritu Santo es Dios omnipotente, Dios omnisciente, Dios eterno, localizado en su cuerpo humano. Este cuerpo es el templo del Espíritu Santo. Por lo tanto, si Dios eterno, omnipotente y omnisciente está en usted, decir que "el que está en nosotros es más que los que están en contra de nosotros" es el eufemismo del siglo. La Biblia dice también: *"... el que está en ustedes es más poderoso que el que está en el mundo"* (1 Juan 4:4). Debemos, por tanto, construir nuestro sistema de defensa adecuando nuestra seguridad.

La seguridad es una confianza que ha sido comprobada tantas veces que no necesitamos ni pensarlo. David había confiado tanto en Dios y lo había probado tantas veces que podía decir que *"aun cuando una guerra estalle contra mí,* **yo mantendré la confianza**" (Salmo 27:3, énfasis agregado).

He descubierto que muchos cristianos no tienen confianza. Tratan desesperadamente de confiar en Dios y tener más fe. Deben aprender a tener un lugar de confianza. ¿Conoce usted a Dios? El carácter de Dios nunca cambia. Usted puede confiar en eso. La Palabra de Dios nunca cambia. También puede confiar en eso. ¿Alguna vez pensó en lo que sucedería si usted acudiera al Señor creyendo una de sus promesas, y Él le dijera: "Lo siento, cambié de idea. Eso ya no sirve"? Es impensable. Dios cumple su Palabra. Cuando Dios nos hace una promesa, limita su soberanía para toda la eternidad. Dios limita su libertad de acción para siempre. Hay cosas que Dios, literalmente, no puede hacer. ¿Por qué? Porque prometió otra cosa. Él toma muy en serio sus promesas.

¿Sabe usted por qué tenemos tantos problemas con la fe? Porque somos personas sin fe. Hacemos promesas muy a la ligera y las rompemos con escasa compunción. He descubierto que la mayoría de las promesas que hacemos tienen una cláusula no escrita: "Si sigo sintiendo lo mismo", "Si descubro que no me equivoqué", "Si no me aparece nada más importante", "Si no me cuesta mucho", entonces, lo prometo. Recuerde que las promesas de Dios no son condicionales. Una vez que Él lo prometió, ya está. Si quiero crecer en fe, debo comenzar a tomar en serio las promesas de Dios. Una de las razones por las que nos cuesta creerle a Dios es que nosotros tomamos las promesas a la ligera; por eso, nos cuesta creer que otra persona, particularmente Dios, las tomará en serio.

☐ **Deshágase de lo que lo enreda**. Deshágase de las cosas que lo ponen en peligro espiritual. ¡Es muy difícil luchar contra alguien si tenemos los cordones atados y los pies trabados!

El diablo trata de enredarnos porque eso inhibe nuestra libertad de acción cuando debemos defendernos. Dado que estamos en guerra, la guerra debe tener prioridad. Creo que el pueblo de Dios en la actualidad debe tomar esto muy en serio y deshacerse de todo lo que lo enrede.

¿Qué quiero decir con esto? Para algunas personas, son relaciones que los enredan. Algunas relaciones que usted tiene no lo ayudan, y aun pueden ser un peligro para usted, porque, de alguna forma, limitan su libertad de acción. Y deben desaparecer.

A veces son enredos económicos. La libertad de acción de muchas personas está muy restringida a causa de ellos. De ser posible, quíteselos de encima. Libérese.

Algunas veces, son hábitos, hábitos debilitantes que nos roban energía espiritual. A veces esto es especialmente peligroso en el caso de los líderes que tienen tantas actividades... ¡algunas de las cuales no les corresponden, en realidad! Son cosas que roban energía y nos distraen de nuestra tarea principal. Debemos concentrarnos únicamente en lo que Dios quiere que nos ocupemos.

RESUMEN

Tenga en cuenta la extrema importancia de la defensa. La falta de una defensa segura nos deja vulnerables ante un ataque sorpresivo. El diablo suele tratar de derribar nuestras defensas y atraparnos con la guardia baja.

■ ***Ocupe la tierra alta*** (Salmo 91), donde tiene protección (vv. 1-2), está en contacto con los recursos del poder divino (vv. 3-7) y puede discernir qué pasa (v. 8).

Recuerde cómo David confiaba en la tierra alta (Salmo 18:2-3, 16-19; 27:5; 61:1-2). Nuestra tierra alta es:

☐ Nuestra posición y estado en Cristo (Efesios 1:18-23; 2:6; Colosenses 3:1-4).

☐ La victoria de la cruz y la resurrección (Colosenses 2:15; Hebreos 2:14; Apocalipsis 12:11).

☐ Nuestra relación de pacto con Dios (Hebreos 6:17-18).

Satanás siempre tratará de sacarnos de nuestra tierra alta y llevarnos a la suya.

■ *Construya un sistema de defensa eficaz antes de que sea necesario* (Salmo 144:1; 18:34).

Desarrolle un actitud de confianza (Salmo 27:1-3; Jeremías 17:7). Deshágase del temor, tenga confianza en la cruz, tenga confianza en el Espíritu Santo y tenga confianza en La Palabra de Dios. El consejo de Dios anula los propósitos del enemigo (Proverbios 21:30-31; Isaías 8:9-10).

Deshágase de las cosas que lo enredan y afectan su eficacia o lo hacen vulnerable. Pueden ser relaciones, asuntos económicos, hábitos debilitantes o patrones de pensamiento que nos roban energía, actividades complicadas e improductivas, asuntos y situaciones que no nos conciernen (Mateo 6:25-34; 2 Corintios 6:14; 1 Timoteo 6:9-10; Hebreos 2:1).

CAPÍTULO 19

COMPRENDAMOS LA ARMADURA DE DIOS

Efesios 6:11 nos dice: *"Pónganse toda la armadura de Dios"*. Durante mucho tiempo, ese pasaje no significó gran cosa para mí. Tengo amigos que, religiosamente, se levantan todos los días y se ponen el casco de la salvación, la coraza, se ajustan el cinto y preparan su escudo y su espada para ir a la oficina. Traté de imaginarme cómo sería eso, y no me sirvió de mucho. Pero un día, comencé a comprender lo que es la armadura de Dios. Esto es muy importante.

La armadura de Dios es un conjunto de condiciones de vida que Él desea establecer en nosotros. Cuando están establecidas, permiten que Dios trabaje e impiden que trabaje Satanás. La palabra *panoplia*, que significa "toda la armadura", se utiliza en el Nuevo Testamento: una vez en Efesios 6 y la otra en Lucas 11, cuando Jesús habla del diablo. Él dice: *"Cuando un hombre fuerte y bien armado cuida su hacienda, sus bienes están seguros"* (Lucas 11:21).

Jesús dice que Dios tiene una armadura completa, y el diablo también. ¿Cuál es la armadura de este último? Un conjunto de condiciones de vida que desea establecer en nuestra vida. Y cuando ellas se arraigan en nosotros, le permiten trabajar e impiden que Dios obre.

En lo que a la guerra concierne, las condiciones de vida en Efesios 6 son las fundamentales. Hay otras que son importantes para nuestra madurez, para nuestro crecimiento, etc., pero en lo que respecta a la defensa, Efesios 6 menciona las fundamentales. ¿Cuáles son?

LAS CONDICIONES DE VIDA DE DIOS

1. La verdad

Los esposos deben andar en la luz el uno con el otro y hablarse la verdad. Toda la verdad. Cualquier cosa que se esconda del otro es un potencial peligro.

Los hermanos en el Cuerpo de Cristo deben aprender a andar en la luz unos con otros. En el cuerpo de ancianos de la iglesia de la que vengo, en Nueva Zelanda, habíamos llegado a un hermoso estado de hablarnos la verdad entre hermanos, de tal manera que, si alguno decía algo, yo sabía que quería decir exactamente lo que expresaban sus palabras. No había significados ocultos. Yo podía confiar en ellos. Podía decir lo que quería decir; no tenía que disfrazarlo de ninguna manera ni dar rodeos, y sabía que lo tomarían tal como lo escucharan. Pero nos llevó mucho tiempo y muchos dolores llegar a ese punto, tanto, que me di cuenta de cuán poca verdad nos habíamos dicho hasta entonces. Nos decimos las cosas como son. Algunas veces, es doloroso andar en la verdad, pero es algo maravilloso.

A veces, la verdad hiere, pero estas heridas sanan muy rápidamente. El lugar más seguro para estar es la luz. ¿Por qué? Porque el diablo odia la luz. El diablo no va a la luz. Jesús dijo: *"... el que practica la verdad se acerca a la luz, para que se vea claramente que ha hecho sus obras en obediencia a Dios"* (Juan 3:21). Esto significa un juicio sobre el pecado y sobre la maldad. Andar en la luz es lo más seguro. Deje establecido esto en su vida.

2. La paz (shalom)

Quiero decirle algo muy interesante sobre la paz. Paz, para los hebreos, no era ausencia de guerra. Paz, para ellos, era armonía con los amigos y victoria sobre los enemigos. ¿No es interesante? Eso es *shalom*. Ahora entiendo lo que Pablo quiso decir cuando afirmó: *"Muy pronto el Dios de paz* (shalom) *aplastará a Satanás bajo los pies de ustedes"* (Romanos 16:20). No suena muy pacífico, ¿verdad? Pero lo es.

Permita que Dios establezca la armonía en su vida con sus amigos y la victoria sobre sus enemigos, paz con Dios sobre su pecado, paz con Dios sobre la obra que Él hace en su vida y, más que eso, la paz de Dios que guarda nuestro corazón y nuestra mente.

3. La fe (confianza)

Quiero decirle algo importante sobre la confianza. La confianza es algo que elegimos. Es un riesgo que asumimos. No existe la confianza sin costo ni riesgo. El riesgo que asumimos es que permitimos que el resultado de una parte de nuestra vida no esté en nuestras manos, sino en las de otro. Por lo tanto, el riesgo de confiar en Dios es dejar que parte del resultado de nuestra vida no esté bajo nuestro control, sino bajo el suyo. No me sorprende que nosotros debamos confiar en Dios, pero sí me sorprende que Dios confíe en nosotros. Dios vive según los términos de sus propias relaciones. En otras palabras, Dios confía en nosotros, y esa confianza es algo que Él elige, un riesgo que decide asumir. ¡Increíble! Dios se arriesga con nosotros. Permite que parte del resultado de sus propósitos esté fuera de sus manos, en las nuestras. Es asombroso. Cuando Jesús volvió al cielo y dejó todo el destino de su Reino en manos de los once apóstoles, no tenía un "equipo de repuesto" esperando por si los primeros fallaban. Él confió en que íbamos a predicar el evangelio a toda criatura.

4. Esperanza (el casco de la salvación)

La esperanza es una de las virtudes más descuidadas en el calendario cristiano. Pablo dice, en 1 Corintios 13:13: *"Ahora, pues, permanecen estas tres virtudes: la fe, la esperanza y el amor. Pero la más excelente de ellas es el amor"*.

Durante toda mi vida, he oído cientos de sermones sobre el amor, cientos de sermones sobre la fe, pero solo dos sobre la esperanza... ¡y los prediqué yo mismo! ¿Qué sucedió con la esperanza?

Quiero darle una definición de esperanza, esta virtud tan maravillosa. La Biblia dice que **la esperanza es la confiada expectativa de algo bueno**. En otras palabras, la esperanza es la disposición para recibir. No experimentamos lo que no recibimos. Si no recibimos el amor de

Dios, no lo experimentaremos. Si no recibimos la bendición de Dios, no la experimentaremos. Nadie experimenta más que lo que recibe, y no recibe más de lo que está dispuesto a recibir. Si no está dispuesto a recibir sanidad, no la recibirá. Si no está dispuesto a recibir aliento, no lo recibirá. El problema, para Dios, no es dar, porque dar es su naturaleza. El problema es que nosotros queramos recibir, y la esperanza es la disposición para recibir.

Deberíamos ser las personas más dispuestas del mundo. ¿Sabe usted lo que es la desesperanza en La Biblia? Una persona desesperanzada es aquella cuyo futuro se le ha cerrado. No tiene salida; eso es desesperanza. No tener futuro. Pero la esperanza es todo lo contrario. Todos los cristianos deberían ser personas abiertas, abiertas a Dios, abiertas entre sí, abiertas a la vida, abiertas a todo lo que no sea pecado. La esperanza es maravillosa.

Las condiciones de vida del diablo son el reverso de las condiciones de vida de Dios:

☐ La armadura de Dios es verdad; la del diablo es mentira y engaño.

☐ La armadura de Dios es paz; la del diablo es lucha y contienda.

☐ La armadura de Dios es esperanza; la del diablo es desesperanza y depresión.

☐ La armadura de Dios es fe; la del diablo es desconfianza y sospecha.

Debemos comprender y adoptar las condiciones de vida que Dios desea establecer en nosotros, y trabajar en ellas cada día. ¿Por qué? Porque, una vez que están establecidas, se convierten en nuestra armadura. Se convierten en nuestra protección. Comprenda la armadura de Dios.

RESUMEN

La armadura de Dios es un conjunto de **condiciones de vida** que Él desea establecer en nosotros para permitirle obrar y evitar que Satanás obre (cp. Lucas 11:21).

- **Verdad**: El efecto de la verdad es exponer las mentiras y protegernos así de los engaños del diablo (Juan 3:19-20; 2 Corintios 6:7; Efesios 6:14).

- **Justicia**: Nuestra relación de pacto con Dios por medio de Cristo, que nos garantiza la seguridad y asegura la victoria (Isaías 59:17; 2 Corintios 6:7).

- **Paz (shalom)**: Armonía con nuestros amigos y victoria sobre nuestros enemigos (Romanos 16:20). No solo paz con Dios, sino la paz de Dios que guarda nuestro corazón y nuestra mente (Filipenses 4:7; Colosenses 3:15).

- **Fe**: El vínculo creativo que permite que el poder de Dios sea compartido por el hombre (Efesios 6:16; 1 Juan 5:4).

- **Esperanza**: La confiada expectativa de algo bueno; disposición para recibir (Oseas 2:15).

- **Amor**: Que no solo nos vincula con la vida de Dios, sino que es la vida de Dios (2 Corintios 6:6; 1 Juan 5:2-5).

- **La Palabra de Dios**: La *rhema*, palabra de revelación por el Espíritu Santo (Efesios 6:17; Hebreos 1:3; 1 Pedro 1:25).

- **La oración en el Espíritu** (Efesios 6:18; Judas 20).

CAPÍTULO 20

EXAMINE SUS RECURSOS

Es vital que todos los que estamos en batalla examinemos nuestros recursos y sepamos en qué consisten. ¿Sabe usted cuáles son los suyos?

I. SUS RECURSOS SON SUS PUNTOS FUERTES; LAS COSAS QUE HACE BIEN

Sea sincero. Espiritualmente, ¿cuáles son las cosas que usted hace realmente bien? Si usted dice que no hace nada bien, es el diablo que le está mintiendo. ¿Para qué es bueno? Por ejemplo, yo soy bueno para alabar a Dios cuando me siento triste; es un punto fuerte. Creo que Dios puede sanar mi cuerpo; es otro punto fuerte. Puedo alentar a una persona que está desanimada; es otro punto fuerte.

Entienda que Dios le ha dado dos conjuntos de cosas. Primero, puntos fuertes, dones y cosas que usted hace bien. Segundo, limitaciones. Las limitaciones están en su vida para hacer lugar a otras personas. Si usted tuviera todos los puntos fuertes que necesita, no necesitaría a nadie más. Sería autosuficiente. Dios lo ha creado con limitaciones.

También tenemos debilidades debido a nuestra condición de seres caídos. Las debilidades pueden ser superadas, y debemos superarlas, pero no podemos vencer nuestras limitaciones. Dios nos hizo con ellas para que seamos buenos en algunas cosas, pero no en todas. Las limitaciones que hay en su vida dan lugar a otras personas, y sus puntos fuertes pueden ayudar a las limitaciones de otra persona. Recuerde que debe conocer cuáles son sus puntos fuertes y utilizarlos como parte de sus recursos.

2. SUS RECURSOS SON EL CUERPO DE CRISTO

Quisiera señalarle algo y explicarle lo que quiero decir. Piense en una iglesia de unos trescientos miembros, aproximadamente. Tal vez, más de la mitad de ellos son cristianos desde hace más de diez años; una cuarta parte, más de cinco años; y el resto, digamos, unos dos años. Si hacemos un promedio, podríamos decir que es de unos siete años. Ahora bien, con una congregación como esta, usted tiene acceso a unos 2100 años de experiencia espiritual. Por lo tanto, es poco probable que se encuentre con muchas circunstancias en la vida que alguien de esa congregación no haya encontrado y superado. Estos son recursos a los que usted puede recurrir. En esa congregación, usted debería poder encontrar, al menos, una persona que ha sufrido o atravesado una prueba similar a la suya.

3. SUS RECURSOS SON LAS RELACIONES EN LAS QUE PUEDE CONFIAR

Ellas también son sus puntos fuertes. Personas que tienen relaciones de amistad y pacto con usted, personas a las que usted puede llamar en cualquier momento del día o de la noche para pedirles que oren con usted o por usted. Si tiene un problema, puede pedirles que lo ayuden, y lo harán sin dudar. Si tiene problemas o sufre ataques en una situación, permanecerán firmes con usted. Esas son sus relaciones importantes y sus recursos en el Cuerpo de Cristo.

Es vital tener estas relaciones y tener personas que sean leales a nosotros y a quienes podamos ser leales. ¿Sabe usted lo que es la lealtad? Lealtad es decir: "Estaré contigo en los malos tiempos tanto como en los buenos". Todos podemos tener "amigos" que nos acompañan solamente en los buenos momentos. Nuestros verdaderos amigos también nos acompañarán en los malos. Lealtad es decir: "Estaré contigo, aunque todos estén en contra de ti". Lealtad es decir: "Yo te defenderé, aunque corra riesgo o sufra pérdida".

Necesitamos amigos leales. Necesitamos relaciones que soporten las tensiones, tensiones extraordinarias, si es necesario. Debemos atesorar a las personas así por encima de cualquier otra cosa. Un proverbio dice: "... *para ayudar en la adversidad nació el hermano*" (Proverbios 17:17). Los amigos nacieron para la adversidad, para permanecer con nosotros en las buenas y en las malas. Tales amigos son mucho más difíciles de encontrar de lo que deberían ser.

Recuerdo a un amigo mío de los Estados Unidos que se crió entre pandillas callejeras. Él me dijo una vez que, si estaba realmente en problemas, ¡prefería tener más cerca a algunos de sus viejos amigos de la pandilla que a ciertos colegas del ministerio! Estos huían para cuidar su pellejo, pero él sabía que en los amigos de la pandilla podía confiar.

No solo necesitamos amigos leales, sino también saber quiénes son. Esas amistades deben ser cultivadas antes que llegue el momento de necesidad. Es necesario saber cuánta tensión puede soportar la amistad, porque si la recargamos con más de lo que puede soportar, probablemente dañemos tanto a la relación como al amigo.

RESUMEN

■ Examine sus recursos

No se puede luchar con la armadura de otro (1 Samuel 17:38-40). Evalúe su vida y su experiencia personal para averiguar:

- ☐ **Cuáles son sus puntos fuertes espirituales**: las cosas que hace bien. Si es perseverante, paciente, esperanzado, si responde bien a las presiones, si tiene discernimiento, etcétera.

- ☐ **Las cosas que realmente sabe**: tenga confianza en lo que sabe, en la verdad de revelación y lo que ha confirmado por experiencia, la palabra *rhema*.

☐ **Las relaciones en las que puede confiar en momentos difíciles**: aquellas personas en quienes confía y con quienes puede trabajar provechosamente.

☐ **El Cuerpo de Cristo**: la fe, la experiencia y el conocimiento de la comunidad cristiana a la que usted pertenece.

CAPÍTULO 21

APRENDA A MANEJAR LA PRESIÓN ESPIRITUAL

Todos sabemos que debemos vivir en un mundo real, con ansiedades y presiones reales. Todos estamos bajo presión, de una forma u otra, con frecuencia. Muchas veces, cantamos canciones de victoria en la iglesia, pero... ¿cómo nos sentimos al día siguiente, cuando vamos a trabajar? Seamos sinceros. La mayoría de las veces, muchos nos sentimos totalmente desvalidos. ¿No es verdad?

Debemos entender que Dios sabe bien todo esto. De hecho, debemos encontrar nuestro destino en el campo de batalla. Ese campo de batalla es para nuestro bien. Dios hace madurar a los santos por medio de la barrera del dolor.

Hace un tiempo, hablé con una joven que me contó que acababa de correr su primera maratón. Había corrido 42 kilómetros. Me explicó que, cuando uno corre una maratón, aproximadamente a los 24 kilómetros, se topa con lo que se llama "la barrera del dolor". Cuando se llega a este punto, puede suceder una de dos cosas. O el cuerpo se da por vencido –y la persona muere en el camino–, o lucha para sobreponerse al dolor sabiendo que, aunque no gane la carrera, de alguna manera logrará terminarla. Ahora bien, cuando ella me dijo esto, me di cuenta de que, en todos los aspectos de nuestra vida, hay barreras del dolor. No todas las cosas dolorosas y estresantes que nos suceden son malas para nosotros. La mayoría de ellas, en realidad, son necesarias. Son, por así decirlo, dolores de crecimiento. Por ejemplo, no podemos crecer físicamente sin sentir dolor. Si queremos fortalecer nuestros brazos, debemos levantar pesas hasta que parece que los brazos se nos van a caer... y entonces empezamos a levantar más peso. O, si queremos desarrollar la resistencia, salimos a trotar, y cuando estamos a punto de derrumbarnos... ¡trotamos un poco más!

No se puede crecer intelectualmente sin superar la barrera del dolor. Todos los que han estudiado lo saben. Duele concentrarse y tratar de entender lo suficiente como para tomar notas; duele tratar de recordar lo que debíamos aprender. Es una barrera del dolor. No se puede crecer en las relaciones sin la barrera del dolor. Herimos a otras personas, y otras personas nos hieren. Duele pedir perdón y comenzar de nuevo.

No podemos crecer espiritualmente sin la barrera del dolor. Una de las cosas interesantes que tiene Dios es que es muy sincero. Nunca dice: "Esto me dolerá a mí más de lo que te duele a ti". Nos dice, simplemente: "Esto te dolerá", pero después, si nos ejercitamos en eso, recibimos el fruto apacible de la justicia.

Lo que quiero dejar en claro es que no podemos evitar el dolor. Si no tenemos el dolor del ejercicio, tendremos el dolor de un cuerpo enfermo. Si no superamos el dolor de estudiar, sufriremos el dolor de la ignorancia. Si no pasamos el dolor de las relaciones, nos hundiremos en el dolor de la soledad. No podemos evitar el dolor, así que lo mejor será hacerlo productivo.

Parte del dolor y de las luchas que enfrentamos en nuestra vida son ejercicios del Espíritu Santo para desarrollar nuestra resistencia y nuestro "músculo" espiritual. Pero no todo el dolor es de esa clase. Algunas veces, es un ataque del diablo sobre nuestra posición, sobre nuestra vida, sobre nuestra salud, y debemos saber cómo manejarlo. Llega el día en que nos encontramos en medio de una guerra que no iniciamos nosotros. Comenzó mucho antes que nosotros entráramos en escena. Es una guerra real. No es una metáfora. No es una guerra de juguete. Satanás tiene como objetivo separar a Dios de la Palabra de su creación. ¿Sabe usted cuál es esa Palabra de la creación? Es dos cosas. Primero, Dios dijo: *"Hagamos al ser humano a nuestra imagen y semejanza. Que tenga dominio..."* (Génesis 1:26). Ese es el propósito que Dios declaró. Segundo, dijo: *"Porque así como las aguas cubren los mares, así también se llenará la tierra del conocimiento de la gloria del SEÑOR"* (Habacuc 2:14). Satanás intenta separar a Dios de esa Palabra.

Use cada experiencia de presión espiritual como un proceso de aprendizaje. Cuando esté bajo presión, siempre recurra a lo que ya conoce. Lo que usted conoce es su armadura. No puede recurrir a lo que otra persona sabe. No se puede luchar con la armadura de otra persona. ¡David lo descubrió con Saúl antes de enfrentar a Goliat! Solo podemos luchar con nuestra propia armadura. Su armadura es lo que usted conoce. Cuando estamos bajo presión, siempre recurrimos a lo que conocemos, y cuanto mayor es la presión, más básico es aquello a lo que recurrimos. Recuerdo un momento de mi vida en que, espiritualmente, estaba "entre la espada y la pared". Lo único que me quedaba en ese momento eran tres palabras del Salmo 23: *"El Señor es"*. ¡Maravilloso! ¡Dios es! Eso me ayudó a conservar mi cordura. Me salvó. Todo lo demás había desaparecido, pero pude recurrir a ese refugio, a la torre fuerte. Nada podía cambiar el hecho de que **Dios es**.

Cuanta más presión haya, más básico será aquello a lo que usted recurra. Retrocederá hasta más allá de su fe. Pablo vivió circunstancias enormemente difíciles, pero cavó hasta encontrar esa roca. Pablo lo sabía. Sabía quién era, dónde estaba, porque ese era el propósito de Dios, en última instancia. Conocía *"el plan de aquel que hace todas las cosas conforme al designio de su voluntad"* (Efesios 1:11). Eso es lo fundamental, lo básico.

Aprenda a manejar las presiones espirituales en toda circunstancia. Recuerde que debe entrenarse y practicar la defensa hasta que se vuelva algo instintivo. No piense: "Yo sabré manejarlo". No; use las circunstancias como un ejercicio para regresar a ese lugar alto. Hágalo hasta que se vuelva algo habitual, hasta que, cuando esté bajo presión, lo que haga instintivamente sea volver a la tierra alta, a su lugar seguro. Cuando aprendemos a hacer esto, podemos manejar las situaciones en que el diablo nos ataca.

Creo que lo que he tratado de transmitirle será de fundamental importancia para los cristianos en los días por venir. La defensa es solo los preliminares. En este libro, he hecho énfasis en que primero debemos aprender a defendernos para luego atacar. Muchos cristianos entienden esto al revés y luego se sorprenden cuando son derrotados.

Finalmente, verá que el Salmo 18:28 dice: *"Tú, SEÑOR, mantienes mi lámpara encendida; tú, Dios mío, iluminas mis tinieblas"*. David estaba en su lugar alto, viendo lo que sucedía, y continúa: *"Con tu apoyo me lanzaré contra un ejército; contigo, Dios mío, podré asaltar murallas"* (v. 29). Desde la defensa, podemos montar una ofensiva.

RESUMEN

La presión espiritual rara vez nos da aviso, así que debemos conocer la naturaleza de nuestra tierra alta y saber cómo alcanzarla. Debemos comprender los diferentes dolores y presiones que sufrimos en la vida, y cómo volver instintivamente, automáticamente, a nuestro lugar seguro sin tener que detenernos a pensar cómo hacerlo. La defensa debe ser nuestra segunda naturaleza, y debemos utilizar todas las ocasiones posibles para practicarla.

CAPÍTULO 22

CONCLUSIÓN

■ *Identifique el verdadero origen del ataque*
Las personas nunca son el enemigo, aunque, muchas veces, el ataque puede venir a través de ellas (Mateo 16:23; Efesios 6:12).

■ *Discierna la naturaleza del ataque y la estrategia del diablo*

☐ Generalmente, estará dirigido a un área de debilidad (Efesios 4:27) o de ignorancia (2 Corintios 2:10-11).

☐ Esté atento a cualquier reacción o respuesta negativa, compulsiva, y córtelas. Nuestra victoria está en Cristo, pero la preparación y la compostura son responsabilidad nuestra.

■ *Tenga confianza*
No se puede ganar si se espera perder o si se siente "indigno". El principio de la victoria aún es: *"Se hará con ustedes conforme a su fe"*. Resuélvase a no darse por vencido, sino a vencer (Romanos 8:37). Somos más que vencedores.

■ *Permanezca firme y resista el ataque*

☐ Los demonios necesitan energía para atacar. Una simple y resuelta negativa a ceder, basados en nuestra posición en Cristo, agotará las fuerzas del enemigo.

☐ Cuando permanecemos firmes, lo que el diablo teme es la posibilidad de que Cristo intervenga en nuestro favor (Santiago 4:7-8; 1 Pedro 5:8-10).

☐ Ataque el ataque del diablo y utilice la intercesión para desbaratar sus planes (Salmo 33:10; Isaías 8:7-11), la alabanza y la adoración para confundir a sus poderes (2 Crónicas 20:21; Salmo 149:6), y los pasajes bíblicos proféticos para atar al enemigo (Mateo 16:19; Apocalipsis 12:11).

■ *Reconozca las ocasiones en que lo mejor sería evitar la confrontación*
Hay momentos en que es mejor retroceder (1 Samuel 18:7-11). *"El buen juicio hace al hombre paciente; su gloria es pasar por alto la ofensa"* (Proverbios 19:11). En ocasiones en que no estamos listos, o no sabemos qué hacer o cómo manejar la situación, posiblemente lo mejor sea retirarnos o huir. *"Torre inexpugnable es el nombre del SEÑOR; a ella corren los justos y se ponen a salvo"* (Proverbios 18:10).

*Esperamos que este libro
haya sido de su agrado.
Para información o comentarios,
escríbanos a la dirección
que aparece debajo.
Muchas gracias*

info@peniel.com
www.peniel.com